CW01649277

HANSI

A Eugène Beard,

Après avoir eu la joie de te baptiser en la Cathédrale de Strasbourg, et en souvenir des liens qui se sont tissés ce jour-là avec ta famille, je te laisse comme souvenir de l'Alsace, ta province d'adoption, ce livre de Hansi. Garde le en souvenir de ce grand jour de ton baptême. En page cent, tu vois la silhouette de la Cathédrale, et la cigogne, qui, d'après une vieille coutume alsacienne apporte les nouveaux-nés à leurs parents...

Strasbourg, le 9 décembre 2006

Etienne + Geiss, diacre de la Cathédrale de Strasbourg

MICHEL LOETSCHER
Professeur de lettres, il assure de nombreux travaux dans le domaine de l'écrit : collaborateur de presse (notamment aux *Saisons d'Alsace*, dont il est conseiller de la rédaction), chroniqueur, feuilletoniste (*La dame de la cathédrale*) et nouvelliste (*La passante du temps qui passe*, Edinter, 1999 ; *Le voyage dans le bleu*, La Bartavelle, 2000). Il a également cosigné avec Jean-Charles Spindler un beau livre de référence en 2005 : *Spindler, un siècle d'art et d'histoire en Alsace* (La Nuée Bleue). Prix de la Décapole 2006.

YANNICK SCHEIBLING
Il dirige un centre de formation des apprentis à Colmar et participe avec Jacques Féger à la gestion et à l'animation du musée Hansi, à Riquewihr. Ses nombreuses recherches consacrées à l'artiste lui ont permis de rassembler une collection importante de documents et d'œuvres. Il prépare, en collaboration avec Roland Muller, la publication du catalogue raisonné de Hansi.

JACQUES FÉGER
Petit-neveu de Hansi, Jacques Féger est artiste peintre. Son grand-père, pharmacien à Riquewihr, était le frère aîné de Hansi. Résidant à Riquewihr, à quelques kilomètres de Colmar, il perpétue le souvenir de son grand-oncle à travers le musée Hansi (créé en 1993) qu'il anime en collaboration avec Yannick Scheibling.

Les références des œuvres de Hansi reproduites dans l'ouvrage (titre, genre, date, lieu de conservation...) figurent en page 123.

Prépresse : A propos de -:)

ISBN 2-7165-0318-4

HANSI

Une vie pour l'Alsace

Michel Loetscher et Yannick Scheibling
Avec Jacques Féger

La Nuée Bleue

Le petit monde de Hansi traverse le temps et conserve son étonnante fraîcheur

Cette affiche publicitaire consacrée à Rosheim a été éditée par la Société des chemins de fer d'Alsace et de Lorraine, avec laquelle Hansi collaborait régulièrement après la guerre 1914-1918.

L'âme de l'Alsace

Le 13 juin 1951, d'émouvantes funérailles officielles saluent le départ d'un vieil homme de soixante-dix-huit ans qui raconta son *Histoire d'Alsace* aux enfants de France. Sept mille d'entre eux lui font une haie d'honneur pour son dernier voyage.

Le maire de Colmar, Joseph Rey, évoque ce combattant qui « va grossir les rangs des Colmariens qui ont écrit leur page d'histoire de France sur les champs de bataille : Rapp, Bruat, Preiss, Blumenthal et l'abbé Wetterlé, qui furent ses compagnons d'armes pour le droit et la liberté ».

Ce jour-là, l'Alsace perd tout à la fois son imagier le plus populaire, son chantre et celui qui, par son trait inspiré, a su lui rendre son âme. La France, elle, porte le deuil de celui qui avait défendu avec esprit et talent sa civilisation dans un pays livré à une « puissance étrangère » acharnée à éradiquer jusqu'à son souvenir.

A son retour des funérailles, l'envoyé du *Figaro* note : « Le soleil luit sur Colmar, les drapeaux flottent aux fenêtres et les Vosges se dressent majestueuses à l'horizon : une belle image, comme Hansi l'eût souhaitée. » Un autre grand résistant et amoureux de l'Alsace, André Malraux, rend ainsi hommage à celui qui, en un autre temps, incarna la résistance tranquille d'une pimpante province annexée, en habits de fête, à un « intrus jamais accepté » : « L'homme auquel vous rendez hommage eut le grand honneur de maintenir sur ces traits douloureux une invincible ironie. Tout artiste ajoute, au blason de la terre qu'il aime, un blason secret ; aux vieilles figures d'Alsace, le courage et la fidélité, Hansi a donné ce que ne connaissent guère les vertus héraldiques : la poésie et le sourire. Et il est beau que la leçon de fermeté de ce vieillard jovialement indomptable ne lui survive pas seulement dans le cœur des hommes, mais aussi dans le rire des enfants. »

Dans la première moitié du XXe siècle, Hansi a représenté son Alsace au présent – son présent à lui dans son absolu chimique et chromatique. Par quelle magie cette Alsace du dimanche (un si long dimanche de fiançailles d'autrefois...) parle-t-elle encore à nos contemporains ?

Là est le mystère de Hansi : alors que l'art de nombre de ses contemporains et concurrents est tombé dans l'oubli, ses paysages et ses personnages traversent le temps et les crises en conservant leur étonnante fraîcheur. Ils investissent toujours les murs, les tables et les rayonnages, ils occupent la mémoire des Alsaciens, se rient de leur vague à l'âme – et séduisent les publics du monde entier. Plus visibles que jamais, ils semblent échappés de beaux livres enluminés d'autrefois – et à la recherche d'un peu d'air frais dans un monde désenchanté. La belle histoire qu'ils racontent s'est fait sa place dans l'officine imagière occidentale. La fabrique de rêves *made in Alsace* de l'Oncle Hansi inspire un culte aussi fervent qu'allègrement mercantile. Ses livres d'images sont habités non par l'éphémère, mais par l'éclat durable de quelque chose qui a su traverser les âges et les grandes fièvres de l'histoire de deux grandes nations.

Autoportrait de Hansi en ombre chinoise (encre de Chine, 1921).

Colmar, la ville tant aimée

Fils de Colmar, historien passionné de sa ville, arpenteur infatigable de ses rues, Hansi incarne totalement l'esprit de cette cité, à la fois bourgeoise et frondeuse, foncièrement alsacienne et viscéralement française. Aquarelle de 1913, représentant la place des Dominicains : au pied de la collégiale Saint-Martin, l'auberge des Boulangers.

Un enfant de l'Annexion

Quand le futur Hansi naît en 1873, l'Alsace est *Reichsland* (terre d'empire) depuis 1871. Ecartelés entre deux grandes nations, deux langues et deux cultures, ses habitants sont sommés de choisir : le délai est fixé au 1er octobre 1872 et cinquante mille d'entre eux optent pour la nationalité française, donc pour l'exil en territoire français. Ils fuient ce qu'ils estiment être une « prussianisation » à marche forcée, vident le nouveau *Reichsland Elsass-Lothringen* d'une partie de ses élites et constituent à Paris une diaspora très active qui entretient le culte patriotique d'une « Alsace perdue » et d'une revanche à prendre.

Parmi ces défenseurs passionnés de l'Alsace française, l'écrivain parfaitement bilingue Edouard Schuré, qui fut l'un des porte-voix du wagnérisme en France, adapte dans *La légende de l'Alsace* (1884) nombre de légendes en symboles de résistance à l'invasion allemande et se pose à Paris en héraut de l'Alsace française.

En Alsace, les nouveaux immigrés allemands monopolisent la quasi-totalité des emplois publics et nombre de positions-clés dans le commerce et les professions libérales. A Strasbourg, les statues en corniche sur la façade du palais universitaire, inauguré en 1884, symbolisent la

Le jeune Colmarien Jean-Jacques Waltz, dit Hansi, dix-neuf ans, en 1892.

vocation germanisatrice et l'intégration forcée de l'Alsace. La présence militaire allemande est mal vécue par la population nouvellement occupée, qui ne parvient pas à effacer deux siècles d'appartenance à la France.

Mais la famille de Hansi, les Waltz, demeure paisiblement au pays. André Waltz, le père de Hansi, est un travailleur acharné qui s'est élevé de sa condition de boucher à celle d'archiviste-bibliothécaire de la Ville de Colmar. Epris de respectabilité, il voit avec inquiétude s'affirmer les dispositions artistiques et l'irrépressible vocation de son fils. Au lycée allemand, le futur Hansi déçoit : loin de manifester le goût de son père pour les études, il passe son temps à caricaturer ses professeurs et se fait renvoyer de certains cours pour son esprit frondeur.

Affectés par l'Annexion, qui rompt tout lien culturel avec la France, les Waltz n'en deviennent pas moins allemands. Des Allemands de circonstance qui préservent leur âme et leur identité alsaciennes : celles d'avant 1870. Du temps de la France. Une alchimie délicate où les Alsaciens restés au pays apprennent à exceller.

Une fierté alsacienne et française

En ces années *Reichsland* (1871-1918), les Alsaciens affirment un patrimoine traditionnel, que leur révèlent notamment Charles Spindler et les artistes qui forment autour de lui le Cercle de Saint-Léonard, et une irrévérence qui constituent alors l'unique moyen de résister à l'assimilation prussienne.

Dans les foyers alsaciens grandissait un désespoir nourri de tensions entre Français et

Le chevalier anti-germanique

Hansi a revêtu très jeune la cuirasse du dessinateur engagé, donnant des coups redoutables par son crayon sans pitié, et prêt à en recevoir, avec beaucoup de courage. Son esprit chevaleresque explique sa fidélité inébranlable aux convictions patriotiques nées de son enfance. Ici (ci-dessous), il met en scène sans grande méchanceté le très allemand chevalier de Nideck (dessin réalisé avec son collaborateur Victor Huen).

Les trois agents de la germanisation de l'Alsace

Le gendarme, le randonneur du Club Vosgien (association qui encourage le tourisme auprès des Allemands) et le chef de musique allemande. Ce dessin parut pour la première fois dans l'édition du *Professor Knatschké* (1908).

Allemands et de notions de frontière et d'annexion peu à peu considérées comme définitives. C'est dans cette prostration alsacienne que s'aiguisent une duplicité obligée et un esprit de résistance, qui s'expriment notamment à l'occasion des élections de 1887, qui envoient au Reichstag quinze députés protestataires (dont Mgr Raess, Winterer, Guerber, Simonis), ou dans la pièce satirique de Gustave Stoskopf, *D'r Herr Maire* (1898), qui tourne en ridicule l'administration impériale.

L'Alsacien refuse de se laisser désintégrer par les tourments de l'histoire, comme il refuse de se laisser intégrer au Reich.

Cette situation explique-t-elle le phénomène Hansi ? Sans ce climat d'antagonisme entre deux grandes nations, Jean-Jacques Waltz serait peut-être resté un paisible peintre régionaliste, un délicat aquarelliste épris de beaux paysages apaisés, de belles demeures tranquilles et de vieilles ruines pittoresques. Quand il arrive à l'âge d'homme en 1895, le député Jacques Preiss lance son appel à la « jeune Alsace ». Tout naturellement, le jeune Waltz prend sa plume, ses pinceaux et ses crayons comme on prend les armes – et il prend sa place dans ce mouvement de résistance alsacienne en se donnant ce nom de guerre, Hansi, né, dit-on, d'une contraction entre ses deux prénoms traduits en allemand, Hans et Jacob (dont il reprend la première lettre, prononcée *I* en allemand).

« Jean-Jacques Waltz et Hansi, deux noms sous un même chapeau », constatait l'un des témoins de sa vie, Robert Perreau (1896-1985). Ce Jean-là a des caractères germaniques, dont il ne veut pas, et une âme française qu'il revendique sous cape – c'est la tempête sous un chapeau ! Le jeune Waltz, né allemand mais taraudé par sa double culture et sa seconde nature, s'attache à nier sa part allemande et à revendiquer sa part française. Hansi prend sa plus belle plume de guerre, ses crayons, ses pinceaux et ses couleurs pour peindre son paradis tricolore – et y entrer. Le mauvais élève se rachète une conduite en s'appliquant à un devoir sacré. Cette âme intégralement française que l'histoire lui refuse, il se la refait à grands traits rageurs d'un génie de plus en plus assuré de lui-même. Et il veut la rendre à ses concitoyens. C'est le génie d'une terre et d'une histoire revisitée dont il leur fait présent.

Colmar-en-Allemagne, an III

Selon le registre des naissances de la *Bürgermeisterei* (mairie) de Colmar, rédigé en allemand, Jean, Jacques, Léon naît le 23 février 1873 au foyer d'André Waltz, maître-boucher, et de Rosalie, Clémence Dunand, sans profession, à Colmar. Il est le second enfant du ménage, après André, né le 28 août 1871. Comme son aîné, il fait partie de cette première génération d'Alsaciens nés allemands. Une sœur, Rosalie, naît le 17 décembre 1874 puis, bien plus tard, en 1889, un quatrième enfant, Frédéric dit Fritz.

L'Alsace est terre d'empire depuis deux ans. Mais plus de l'Empire français. S'ils se sentaient à l'aise dans la France de Napoléon III, les Alsaciens se retrouvent annexés au *Vaterland* germanique et sujets de fraîche date de l'empereur Guillaume. Adolphe Thiers, un homme d'un autre temps, est président de la toute jeune République française. L'ancien histo-

« Et l'Allemagne reste le peuple suprême de la terre »

La citation de F. Lienhard accompagne un dessin de Hansi, publié en 1912 dans un petit fascicule de huit pages. Pour la première fois, Hansi prit seul la responsabilité politique et financière d'une publication polémique. Mais, davantage imagier qu'homme de presse, il n'en édita qu'un seul numéro.

L'Alsace sous surveillance

Caricature publiée dans le journal *Dur's Elsass*, en mars 1911, périodique dont l'intérim fut assuré par Hansi lors de l'emprisonnement de son directeur, le caricaturiste mulhousien Henri Zislin, pour antigermanisme. Les molosses qui surveillent l'Alsacienne figurent les deux journaux pro-allemands de la région.

«Les Huns devant Strasbourg!»

Dessin réalisé par Victor Huen et Hansi en 1912. La légende a été malicieusement intervertie par Hansi avec celle d'une autre page de l'album *(L'histoire d'Alsace)* intitulée «Bombardement de Strasbourg par les Badois» lors de la réédition de 1913. Par cette «manipulation de légende», Hansi cherche à accentuer le caractère barbare des agresseurs allemands en confondant les guerriers de 1870 avec les Huns.

rien de la Révolution, du Consulat et de l'Empire a conclu le calamiteux traité de Francfort (10 mai 1871) qui fait de l'Alsace-Lorraine la propriété collective des vingt-cinq Etats allemands constituant un Reich soudé de fraîche date. Désormais, la douce France est bien loin et les Alsaciens se retrouvent sous la férule du chancelier de fer Otto von Bismarck!

Les derniers soldats français avaient quitté Colmar le 23 juillet 1870. L'infanterie badoise avait investi la ville dans la matinée du 14 septembre. Le 1er novembre de cette année mémorable, le baron prussien von der Heide prenait ses fonctions à la préfecture.

L'Alsace renouait avec sept siècles d'appartenance au Saint Empire romain germanique, fondé en 962 – l'Alsace redevint française en 1648. Terre d'invasions et de passage, elle n'en a pas moins une personnalité à

La rue Vauban

Pour le jeune caricaturiste, l'annexion au Reich de sa charmante ville de Colmar et de sa douce Alsace constituait une humiliante blessure.

Herr Professor

Caricature d'un enseignant allemand en Alsace. Parue dans le supplément du *Nouvelliste d'Alsace-Lorraine*, en 1909, elle valut à Hansi un véritable harcèlement judiciaire de la part du pouvoir allemand. En effet, le directeur du lycée de Colmar, opposé à l'introduction de la langue française à l'école primaire, crut se reconnaître dans ce dessin.

préserver, des traditions à sauvegarder – et une revanche à prendre.

Contrairement à nombre de compatriotes, le ménage Waltz n'est pas tenté par l'incertaine aventure d'une émigration : à trente-quatre ans, André est un chef de famille responsable et posé. Son âge le dispense de porter l'uniforme allemand – et le casque à pointe. Tout juste est-il obligé, au magasin, de servir une nouvelle clientèle dont les intonations lui paraissent fort comminatoires. En Alsace, l'on parle français et le dialecte alsacien, mais sûrement pas allemand !

Et puis, la passion de sa vie l'arrime à sa ville. Ou plutôt : au passé de sa ville. Celui d'avant 1870. André Waltz s'est donné une ville pour la vie. Et il l'a transmise à son fils comme on transmet une belle légende.

Tel père, tel fils

Jacques André Waltz, le père de Hansi, est né en 1837 à Colmar, fils du boucher André Waltz et destiné à lui succéder en sa boutique de la rue des Clefs. Mais les techniques d'abattage du bétail et les règles du commerce de la viande ne nourrissent pas un jeune esprit épris d'art et d'absolu. Il met à profit son apprentissage chez le boucher Naze à Paris pour courir musées et bibliothèques, accumuler les notes et approfondir ses connaissances sur l'art.

De retour à Colmar, il fréquente la Société Schongauer (l'institution, baptisée du nom du célèbre imagier de la ville au temps de la Renaissance, qui gère le musée d'Unterlinden) qui lui permet de rencontrer artistes, bibliophiles, collectionneurs et érudits. Il y fait connaître ses travaux et en devient trésorier en 1867. Pour parfaire ses connaissances, il visite les principales villes d'art d'Europe. Un périple qui commence en 1867 par la visite de l'Exposition universelle de Londres et qui le mène à Bruxelles, Cologne, Aix-la-Chapelle, Mayence et Heidelberg.

En 1869, il épouse Rosalie Dunand et se résigne à reprendre le commerce de boucherie paternel. Le jeune ménage s'installe au numéro 41 de la rue des Clefs, en face de la librairie de Max Wettig, où bien plus tard Hansi achètera ses cahiers et fera éditer ses cartes postales. Les boutiques de marchands y côtoient alors les vieux hôtels et ce décor pittoresque inspire au jeune artiste en herbe ses premiers croquis.

Le 10 février 1881, l'autodidacte Waltz succède à Georges Stoffel au poste de bibliothécaire de la ville de Colmar. En 1883, il devient, pour quarante longues années, conservateur du musée d'Unterlinden – et le gardien vigilant des traditions de l'Alsace

Les enfants Waltz en 1895

Le jeune Hansi (Jean-Jacques, douze ans) est à droite, avec, au centre, André (quatorze ans, l'aîné) et, à gauche, Rosalie (onze ans).

Rencontre avec l'Art nouveau

Les gouaches de Hansi, au tournant du siècle, révèlent la rencontre d'un genre pictural florissant avec le tout jeune et modeste dessinateur textile. Ce dessin – exécuté vers 1900 – a servi de décor pour une boîte de dragées médicinales de la société Burginas, de Colmar.

Hansi ébloui par l'Art nouveau

Trois œuvres du jeune artiste en apprentissage à Lyon

Le genre pictural Art nouveau est incarné par ces *Œillets*, *Anémones* et *L'automne*, réalisés à la fin des années 1890.

Pour le jeune homme de dix-neuf ans, ébloui par les lumières de France, le conte de fées commence lors de sa première année à Lyon, ainsi qu'il l'écrit dans une lettre à son père : « Le miracle se produisit, le cancre d'antan travailla avec joie et dès lors sut tenir son rang. Je m'y suis mis de bon cœur et en plus je suivis des cours du soir de dessin. »

Pour l'année scolaire 1892-1893, il décroche une première mention honorable. Au cours de ces années-là, quelque chose de neuf apparaît dans les ateliers et les galeries du Vieux et du Nouveau Monde. Quelque chose bouillonnait dans le domaine des arts visuels – un mouvement comme une lame de fond qui trouve enfin son nom sur l'enseigne de la galerie parisienne, inaugurée en décembre 1895, du marchand d'art japonais Siegfried Bing : l'Art nouveau. A Lyon, grande capitale textile, Jean-Jacques Waltz voit se lever l'aube radieuse de l'Art nouveau, annoncée dès 1893 à Bruxelles par l'hôtel Tassel de Victor Horta. Il a vingt-deux ans et apprend patiemment une technique. Son jeune art s'impatiente de se manifester dans une vieille civilisation travaillée par l'arabesque, la courbe, le serpentement et la vrille – et traversée par un profond mouvement de renouvellement des formes.

En Alsace, *Les images alsaciennes* de Charles Spindler et

« Au sortir du lycée, comme mes parents n'approuvaient pas mon désir de faire de la peinture, j'ai dû, comme tant d'autres, faire le détour par l'art appliqué, le dessin industriel. Je fus envoyé à l'école de tissage de Lyon (...). Je réussis à me faire admettre à l'Ecole des beaux-arts, où, tout en suivant les cours de peinture et d'art décoratif, je travaillais pour l'industrie. Là aussi, je pus réaliser un rêve caressé depuis longtemps et apprendre la gravure à l'eau-forte. » (Hansi, *Souvenirs inédits*)

Fleurs et femmes, sujets de prédilection de l'Art nouveau

La femme aux iris est une gouache réalisée par le jeune artiste colmarien en 1900, lors de son passage à l'usine textile Herzog de Logelbach, à son retour de Lyon.

Joseph Sattler font leur apparition et Strasbourg, vue du Rhône, a pour le jeune Jean-Jacques Waltz les séductions d'une capitale de l'art où il commence à *se passer quelque chose*. En 1895, il réalise ses premières eaux-fortes ainsi que deux ex-libris pour son père qui, dans son milieu, fait connaître les travaux d'un fils dont il se montre de plus en plus fier.

Dessinateur industriel, en attendant mieux

En 1896, une pleurésie contraint Jean-Jacques à rentrer au pays – et le dispense fort opportunément du service militaire allemand. Pour le père Waltz, le temps de l'indétermination et des études est révolu : son fils en sait assez, désormais, pour prétendre à un travail digne de ce nom.

Jean-Jacques obtient son premier emploi de dessinateur à l'usine textile Baudry de Cernay, dans le Haut-Rhin, puis à l'usine Herzog de Logelbach, près de Colmar – le voilà «artiste à la fabrique» en attendant d'inscrire le plein accomplissement de son potentiel créateur dans le Jugendstil triomphant. Ses parents sont rassurés et le futur Hansi se forme à son art avec qui il peut. Son père lui a enseigné les rudiments qu'il tient de peintres comme Michel Hertrich et David Ortlieb. Le fils croque, sous la direction du vieux peintre Alexis Kreyder, lui aussi dessinateur industriel, les paysages autour du village de Labaroche, situé dans la montagne vosgienne, à une quinzaine de kilomètres de Colmar. Il se fait introduire par son maître paysagiste et par le peintre Léon Hornecker dans le cercle des artistes strasbourgeois.

Ses premiers essais picturaux paraissent dans la *Revue alsacienne illustrée*, fondée en 1898 par Charles Spindler. Au contact des amis de la revue, il confronte son travail à celui de créateurs reconnus, prend conscience de ses limites et se recentre sur ce qu'il aime : la nature, ses chères Vosges, l'architecture traditionnelle des maisons alsaciennes, dont il excelle à restituer les couleurs chaudes. Cette nostalgie s'exprime aussi dans sa tenue, par le port notamment du chapeau à large bord et de la lavallière – une allure d'artiste français. Tout son art et son être sont aimantés par la douce France.

Ses gouaches (*Le printemps*, *L'automne*, 1901) et pastels (*Profil de femme*, 1900) révèlent la rencontre de l'Art nouveau florissant avec le modeste dessinateur textile œuvrant alors à l'usine Herzog de Logelbach – et désespérant de consacrer assez de temps de vie à son art. L'Art nouveau, c'est le jeune matin de la vie d'artiste de Jean-Jacques Waltz.

Dans *Le paradis tricolore* (1918), le satiriste Hansi décrira, dans une période revenue des exubérances de l'Art nouveau, l'énorme «canapé-bibliothèque-armoire-à-glace» aggravé d'étagères en style «macaroni enragé» d'un intérieur allemand.

Une beauté naturelle et mystérieuse

Profil de femme est l'une des rares œuvres réalisées par Hansi avec la technique du pastel. Elle incarne parfaitement la période Art nouveau par le sujet (la femme), les éléments décoratifs (les fleurs) et la stylisation.

« Mon père, homme aussi modeste qu'érudit, était bibliothécaire de la riche bibliothèque municipale et conservateur du musée de Colmar. Il est l'auteur de savantes bibliographies, d'un catalogue raisonné de la bibliothèque, il a transcrit, annoté et publié des chroniques locales. Il dessinait fort bien, était héraldiste, historien et avait acquis son érudition en un travail opiniâtre. C'est lui qui m'a révélé la beauté de l'Alsace, qui m'a enseigné son histoire et c'est lui qui m'a fait aimer la France. » (Hansi, *Souvenirs inédits*)

Le père vénéré

André Waltz, dans son bureau de conservateur au musée d'Unterlinden (eau-forte de 1903). Le jeune Jean-Jacques réalisa de nombreux projets d'ex-libris pour son père durant sa période lyonnaise.

heureuse d'avant la défaite et l'Annexion. Cette année-là, son fils entre au lycée impérial. Il s'y fait remarquer pour son indiscipline et son goût pour le dessin. Mais, en dessin, il ne s'applique pas – seulement... – à de sages études académiques : il croque ses professeurs en de féroces et saisissantes caricatures.

Le futur Hansi doit sans doute sa précoce initiation à l'art, ainsi qu'à l'héraldique et à l'histoire, à ce père érudit qui patiemment lui transfusa ses connaissances au cours de longues marches dans les paysages d'une terre passionnément aimée que, peu à peu, l'occupant isolait de la France, et au fil des albums qu'André Waltz constituait sur le patrimoine de leur ville.

Un métier respectable

Pour le père Waltz, la peinture n'est ni une profession avouable, ni un métier dont on puisse vivre décemment. Il ne rêvait pour son fils que de la paisible tiédeur d'un métier « respectable » et « responsable ». Quant aux rêves d'accomplissement artistique dudit fils, ils se heurtaient à la réalité géopolitique de l'Alsace.

Le Reich n'accordait son aide qu'aux jeunes gens désireux de se former dans les académies de Dusseldorf, Munich ou Berlin. Alors, le jeune Jean-Jacques se découvre un intérêt subit pour le dessin industriel.

En 1892, Hansi est inscrit à la Société d'enseignement professionnel du Rhône. Dès 1860, le Second Empire festif, celui de Napoléon III, avait mis la mode à l'honneur. La haute couture commence à faire rêver. Des couturiers prestigieux exhibent aux abords des hippodromes (alors hauts lieux de mondanités) leurs nouveaux modèles, portés par des actrices et maîtresses impériales. L'illustre Worth, qui habillait les cours et les capitales, avait lancé le défilé de mode avec des

Une vie de passion pour le patrimoine colmarien

Cette aquarelle représentant le cloître des Dominicains – situé au cœur de la bibliothèque municipale – figure dans l'album *Colmar en France* (1923), consacré au patrimoine architectural de la ville. Ce cloître était un lieu cher à Hansi car son père, André Waltz, assurait le poste de bibliothécaire municipal dès 1881.

modèles vivants, alors appelés « demoiselles-mannequins ». Emile Zola décrit dans *Nana* la chorégraphie des demi-mondaines exhibant aux courses leur parure et leurs atours.

Le conteur de paysage

Jean-Jacques Waltz fréquente les expositions parisiennes. En 1906, sa première participation, avec Dieterlen et Koerttge, au Salon de la Société nationale des Beaux-Arts de Paris, où il expose deux gravures (*Le soir* et *Village d'Alsace, clair de lune*), est saluée en ces termes par le critique Girodie : « Insistons sur les graveurs dont l'effort cette année fut exceptionnel. Faut-il recommander à M. Waltz de conserver les qualités de poète qu'il porte en lui ? »

Dès que son emploi ou la rédaction de ses chroniques lui en laisse le loisir, ce « vieux garçon » quelque peu négligé (tel qu'il est caricaturé par son ami Léon Stein) remet sa vie à la grâce des chemins buissonniers de sa chère Alsace et au vent des rencontres. Du nord au sud de sa belle province, il pose son pliant, se campe devant ses paysages aimés et les raconte sur son carton. Des aquarelles vibrantes de paysages vivants, peuplés de chapelles dans les vignes ou de paysans, de villes ou de villages animés par des marchés – le grand marcheur lance son filet de pêche dans la marée des jours et dans cette joyeuse profusion d'images dont son talent grandissant fixe l'éclat.

L'Alsace est la matière de ses rêves et de ses aquarelles, elle est son jardin de l'âme et il est son conteur émerveillé. Ses promenades préférées le mènent dans la toute proche vallée de Munster, vers les trois châteaux d'Eguisheim, sur les traces du passé de sa province dont il invite les pauvres vestiges, les demeures opulentes ou les habitants ravis à entrer dans ses tableaux.

Au cours de ces randonnées, il croise de nombreux touristes allemands, dont il prend des croquis ironiques en excursionnistes du dimanche. Il ne tarde pas à les caricaturer en émissaires obtus d'un pangermanisme dominateur.

Il se déplace d'un bout à l'autre de l'Alsace, expose à la Société des Arts de Strasbourg son panneau décoratif *Rêverie* (1901) et aux salons parisiens son aquatinte *Lever de lune* (1907). A Mulhouse, où il expose au musée avec Léon Stein et d'autres artistes du

A vingt-trois ans, au retour de Lyon, Hansi a acquis son allure d'« artiste français »

Le jeune caricaturiste accusait déjà un dos voûté. Cette posture particulière se retrouve dans nombre de silhouettes dessinées par Hansi à diverses périodes de sa vie. Il cultivait aussi ses apparences, avec une prédilection pour les tenues façon « artiste français » : lavallière, cape, chapeau à large bord...

ques WALTZ 1909

Entre plaine d'Alsace et Vosges, le jardin de l'âme

Les prés de Herrlisheim, aquatinte de 1909, exprime l'Alsace chère à Hansi.
L'Alsace est la matière de ses rêves, elle est son jardin de l'âme et il en est le conteur émerveillé. Ses randonnées préférées le mènent dans la toute proche vallée de Munster, vers les trois châteaux d'Eguisheim, sur les traces du passé de sa province, dont il invite les vestiges du passé, la nature et ses habitants à entrer dans ses tableaux.

Haut-Rhin, il rencontre l'imprimeur Charles Bahy qui publie ses vues de Turckheim et de ses alentours.

Chez Bahy, il rencontre en 1907 le polémiste Henri Zislin (1875-1958), un ancien dessinateur textile (lui aussi!) qui vient de fonder, après le *Klapperstei* («Pierre d'infamie», journal satirique et humoristique paru de 1903 à 1907), le journal *Dur's Elsass* («A travers l'Alsace») et devient solidaire de sa croisade contre la germanisation de la province.

Cette rencontre s'avère déterminante dans le cheminement jusqu'alors si tranquille de Jean-Jacques, ce doux conteur de paysages alsaciens.

Graduellement, au fil de ses promenades et de ses rencontres, le paisible paysagiste épris d'Alsace, d'art et de beauté se dédouble en redoutable combattant de la cause alsacienne. Au contact de Zislin, l'ancien élève frondeur du lycée impérial se découvre une veine de caricaturiste. Son aversion pour le corps enseignant allemand se transforme en militantisme antiallemand. Et, s'arrachant pour un temps à ses paysages, Jean-Jacques Waltz rencontre le facétieux Hansi: il croque les envahisseurs tant redoutés pour leur supériorité économique et militaire en risibles tigres de papier. Et

Le rocher de Dabo

Cette aquarelle de 1909 représente un paysage de la montagne vosgienne, à la limite de la Moselle, haut lieu du pape alsacien Léon IX.

Une ferme à Orbey

Un sujet maintes fois représenté sous divers angles ou techniques (eau-forte et aquatinte, gravure, aquarelle). Cette version, tardive, date de septembre 1938. L'austérité de la montagne est tempérée par l'humanité des décorations végétales.

trouve la formule qui assure sa bonne fortune. C'est sa légende personnelle qu'il se met à crayonner. Sans ses caricatures, Jean-Jacques Waltz ne serait-il resté qu'un anodin aquarelliste et un peintre régionaliste du dimanche ? L'aimable conteur de paysages aurait sans doute simplement ajouté son œuvre à l'opulent savoir-faire imagier de l'Alsace, son jardin de l'âme dont ses contemporains (notamment Charles Spindler) faisaient, d'un pinceau assuré, le tour du propriétaire. Hansi a été porté au-dessus de ses limites artistiques par les problèmes de son temps, les convulsions de l'histoire et l'urgence du moment.

Leçon d'aquarelle à Turckheim

Un groupe de dames, en juillet 1909, sous la houlette du maître. Depuis quelque temps, Hansi voit son talent reconnu suite au succès de son recueil *Tours et portes d'Alsace* et de ses cartes postales de paysages alsaciens. Il est désormais pris au sérieux dans son nouveau métier d'artiste peintre.

Colmar

L'empreinte sensible d'une ville

A son retour de Lyon en 1896, Jean-Jacques Waltz est retombé, à vingt-trois ans, dans le champ de gravitation de sa ville de plaine – si près des Vosges. Au pays des images, celui du graveur et peintre Martin Schongauer (1450-1491), il se définit avant tout comme l'imagier d'une ville passionnément aimée, la seule d'Alsace à avoir gardé la plus grande partie de ses églises gothiques, dont la collégiale Saint-Martin. Le lithographe Rothmuller (1804-1862) et les peintres Hertrich et Ortlieb (dont il copie, pour se former, *Le puits des pêcheurs à Colmar* exposé au musée d'Unterlinden) s'y étaient illustrés bien avant lui.

A sa naissance, la cité de Colmar, allemande depuis deux ans, était considérée comme « la plus française » des villes d'Alsace. Depuis 1635, elle entretient des relations privilégiées avec la France – Strasbourg n'intègre le royaume de France qu'en 1681. Colmar est en 1698 le siège du Conseil souverain d'Alsace et le point de mire des élites françaises. Depuis 1790, elle est le chef-lieu du département du Haut-Rhin.

L'ex-libris de Hansi

Pour son père, pour des clients ou pour lui-même, Hansi créa de nombreux ex-libris dans lesquels il se représentait, entouré des symboles de sa ville ou d'éléments de décor. Dans ce projet d'ex-libris de 1925, il se met en scène devant la fenêtre de son atelier, ouverte sur le clocher de la collégiale Saint-Martin.

Le jeune Waltz met ses pas dans ceux de son père et s'investit dans le milieu associatif local, s'essaie à des affiches pour les cercles culturels, dessine des menus, des programmes, des annonces de bals ou de ventes de charité, expose dans les salons d'art – et rencontre son premier public.

Au *Journal de Colmar* (qui devient *Le Nouvelliste d'Alsace-Lorraine*) de l'abbé Emile Wetterlé, il tient la rubrique théâtrale – ce qui lui permet d'avoir sa place au théâtre municipal et de fréquenter des actrices. A *L'Express* de Mulhouse, il s'occupe aussi de la rubrique consacrée aux « sites pittoresques d'Alsace ».

De 1898 à 1914, l'abbé Wetterlé est député au Reichstag (Assemblée législative de l'Empire), tout comme les avocats Jacques Preiss et Daniel Blumenthal – ce dernier deviendra en 1905 maire de Colmar. Les trois élus transforment, avec bien d'autres agitateurs d'idées, la paisible cité de

En haut de la page, le blason, qui figure sur le vitrail de la Décapole à la fin du XVᵉ siècle, conservé au musée, révèle l'intérêt de Hansi pour l'art héraldique. Il en réalisa de nombreuses versions, que ce soit pour des ex-libris, des affiches ou des publicités pour la bière de Colmar.

Page ci-contre : cette vue panoramique (1922), depuis la galerie entourant le toit de la collégiale de Colmar, au milieu des gargouilles et des chiens-assis, laisse découvrir la vieille cité, le Koïfhus, les maisons à colombages, les grands toits roses qui se perdent dans les jardins. Cette vision de Colmar est à la base de l'album que Hansi a consacré à sa chère ville, en 1923, sous le titre *Colmar en France*.

Colmar en foyer de propagande anti-germanique. Avec Hansi, ils se retrouvent au cœur du harcèlement judiciaire d'un empire allemand qui n'entend rien passer à une ville protestataire et bien trop francophile.

Entre sainte Odile et Marianne

Si le berceau de Hansi est celui de sainte Odile, il est aussi celui de Marianne, due à son concitoyen Jean-François Reubell. Ce dernier, seul homme politique d'envergure nationale que Colmar « a donné à la France », était l'un des Directeurs de la République (1795-1799).

Son épouse, Marie-Anne Mouhat, devenue l'une des « premières dames de France », aurait été apostrophée ainsi par son collègue, Paul de Barras : « Votre prénom sied à la République autant qu'à vous-même ! » La contraction de ses deux prénoms en Marianne aurait servi à désigner la jeune République française, dont cet éternel célibataire de Hansi sera le soupirant transi. Une belle légende colmarienne ?

Le promeneur colmarien

Hansi fut, toute sa vie, « le piéton de Colmar ». Sa haute silhouette courbée, sur fond de collégiale Saint-Martin au clair de lune, était familière à tous les Colmariens. Cette gouache, rehaussée d'encre, date de 1929.

Une place d'honneur est assignée au jeune Waltz dans cette petite ville (quarante-six mille habitants, dont quatre mille militaires allemands) que son mentor, l'abbé Wetterlé, qualifie de « nombril politique de l'Alsace ».

A Colmar, Jean-Jacques Waltz monte avec les peintres Léon Stein et Victor Huen, connu plus tard pour ses scènes de batailles napoléoniennes, deux expositions (en mars 1905 et en décembre 1907) qui manifestent une timide rupture par rapport à un art d'inspiration post-romantique auquel leurs concitoyens étaient accoutumés.

Au cœur de sa ville

Planches dessinées sous le bras, Hansi est photographié au milieu de ses concitoyens, en juin 1914, après sa sortie de prison. Cette incarcération – causée par la parution de *Mon village* – allait être suivie, quelques semaines plus tard, d'un procès à Leipzig.

Magie nocturne de Colmar

La maison Clauss – située rue des Marchands – est une bâtisse traditionnelle du vieux Colmar, caractérisée par son pignon élevé. Pour réaliser cette aquarelle, en 1934, Hansi a repris un dessin de son album *Colmar en France,* publié en 1923. Il crée autour de cette vieille maison une ambiance nocturne, qu'il utilisera à de nombreuses reprises pour ses vues colmariennes.

Hansi se définit avant tout comme l'imagier passionné de Colmar, la seule ville d'Alsace à avoir conservé la plupart de ses églises gothiques.

Les douces heures colmariennes

Deux vues aquarellées de la cité de Hansi: en haut, la place du Marché aux fruits et aux fleurs, en 1938; en bas, l'image, devenue classique, de Colmar sous la neige, au clair de lune, vers 1935. Comme pour la maison Clauss *(page précédente)*, Hansi utilise ici la technique pointilliste qui lui a été inspirée par les artistes parisiens Henri Rivière et Henri Martin, lors de ses séjours dans la capitale. Il reprendra cette manière de peindre notamment dans ses œuvres nocturnes consacrées au vieux Colmar.

La passion du détail

Cette page rassemble des détails d'architecture colmarienne: en haut, un dessin de la maison des Chevaliers de Saint-Jean (1921) et une planche de dessins réalisée pour la plaquette d'André Waltz (1897); ci-contre, une belle aquarelle (1921) de Hansi, consacrée à l'oriel de la maison dite «de Schongauer».

A l’ombre de la collégiale

Une affiche réalisée en 1930 pour la Société des chemins de fer d’Alsace et de Lorraine.

Un Noël de « carte postale »

Ci-dessus, sur une carte de vœux personnels de Hansi pour l'année 1946, on distingue Marie, Joseph et l'âne cheminant dans la neige en direction d'un village aux fenêtres éclairées, en quête d'un gîte pour passer la nuit.
Ci-contre, une affiche publicitaire présente la boucherie Fincker à l'occasion des vœux de 1939. On reconnaît l'enseigne de la maison Fincker, face à la célèbre maison des Têtes, dans la rue du même nom. Le saint Nicolas, au centre de l'affiche, est un personnage traditionnel en Alsace. Chaque 6 décembre, accompagné de son âne et parfois du Hans Trapp (le père fouettard), il distribue bonbons et friandises aux enfants sages et aux bons écoliers.
Ci-dessous, une vue de Colmar (la place de la Cathédrale, avec l'ancien commissariat de police) sous la neige, un soir de Noël, qui illustrait le calendrier de l'année 1935 réalisé par Hansi pour la Société commerciale des potasses d'Alsace. Il réalisa des calendriers à de nombreuses reprises – entre 1928 et 1950 – pour cette société, ce qui lui procurait des revenus réguliers.

1918 : l'entrée de Hansi parmi les troupes françaises à Colmar

Le 18 novembre 1918, le général Messimy entre à Colmar à la tête de ses troupes. Hansi défile parmi elles, en hommage à son rôle joué pendant la guerre. Cette aquarelle fut publiée dans l'album *L'Alsace heureuse*, en 1919.

TAPETEN

Un peintre immergé dans sa ville

Observateur attentif et amateur de peinture sur le vif, Hansi ne cesse de représenter Colmar et ses habitants dans ses aquarelles.

Hansi entre en scène

Son frère aîné, André, qui a mené une joyeuse vie d'étudiant en pharmacie à l'université de Strasbourg, propose à Jean-Jacques de publier des dessins dans la revue de l'association pharmaceutique d'Alsace-Lorraine, *Hazweiess* (H_2S, la formule de l'acide sulfhydrique). L'eau-forte *Le soir* y paraît en hors-texte.

En 1906, le joyeux groupe réunit un florilège de ses dessins en dix planches, sous le titre *Vogesenbilder* (« Images des Vosges »). Ce supplément est le premier recueil publié sous le pseudonyme de Hansi. Il croque en petits tableaux l'accoutrement et les travers des Allemands du Nord, alors fort répandus en Alsace, et remporte un franc succès.

L'esprit d'irrévérence et la satire sont consubstantiels à la culture estudiantine, ainsi qu'à celle de la presse de ce temps, des deux côtés du Rhin. Depuis 1892, le scandale du canal de Panama suscite dans les périodiques français d'alors (*L'Assiette au beurre*, *Le Cri de Paris*, *Le Grelot*, *L'Illustration*, *Le Rire*, etc.) nombre de caricatures stigmatisant les députés « chéquards ». De même, l'affaire Dreyfus, qui, depuis 1894, passionne l'opinion, s'accompagne d'un déchaînement de caricatures. En Alsace, l'autoritarisme de la bureaucratie germanique et les pratiques touristiques des immigrés allemands encouragées par le Club Vosgien (créé en 1872 par les Allemands) sont une cible toute trouvée. Le touriste allemand en costume tyrolien, sac au dos et *Alpenstock* en main, incarne à son corps défendant l'expansionnisme allemand exalté par la Ligue pangermaniste.

Dans les *Vogesenbilder* en 1908 (couverture ci-dessus), comme dans de nombreux dessins de ses premiers albums, Hansi caricature les Allemands qui fréquentent l'Alsace, notamment les randonneurs dans les Vosges.

Hansi est né. Il vient de poser un premier jalon capital non seulement dans la conquête de soi et d'un talent de plus en plus assuré de lui-même, mais aussi dans le combat du courant politique alsacien qui prône l'autonomie de l'Alsace-Lorraine pour la détacher du Reich. Il vient de rencontrer son premier public sur un thème attendu : l'affirmation tranquille d'une Alsace résistante qui se rit de la colonisation culturelle et

Hansi se moque de la colonisation de sa région par les touristes allemands. Il s'inscrit dans la tradition bien française d'un Daumier ou de Christophe, l'auteur du « Sapeur Camember », mais aussi des caricaturistes allemands, comme ceux de la revue Simplicissimus.

Hansi en Suisse

Sur les hauteurs d'Adelboden, à l'est de Berne, Hansi – qui aime s'échapper régulièrement de l'oppressant huis clos de l'Alsace annexée – sympathise avec une petite paysanne et réalise plusieurs aquarelles de paysages de montagne, comme cette vue de chalets au cœur de l'Oberland bernois.

touristique des Vosges. Il s'inscrit dans une tradition bien française où se sont illustrés Honoré Daumier ou Georges Colomb dit Christophe, l'auteur du *Sapeur Camember*. En Alsace, il rejoint des aînés comme Frédéric Régamey, qui publia un album illustré, *Au pays des cigognes* (1900), certes bien moins caustique, mais tout aussi farouchement antigermanique.

Un personnage public

Le succès rencontré par les *Vogesenbilder* incite l'imprimeur mulhousien Charles Bahy à tenter l'aléatoire aventure de l'édition. Il propose à Jean-Jacques Waltz de réaliser un tirage en couleurs de deux mille exemplaires, aussitôt épuisé. Si la presse française salue le talent d'un artiste qui, d'une « main légère », « châtie » la « présomption de conquérants » des touristes d'outre-Rhin, la presse allemande, elle, se déchaîne contre celui dont le coup de crayon porte atteinte à « l'image » du Reich, plaçant ainsi Hansi au premier plan d'un jeu politique qu'il ne songeait pas (tout à fait) à investir.

L'humoriste qui s'ignorait se retrouve embarqué aux côtés de politiciens, de journalistes et autres bretteurs dont les prises de positions tentent d'ébranler la politique d'assimilation et le prestige de l'Empire allemand.

Si son talent se confirme au fil des images, sa conscience politique mûrit au fil des rencontres et des attaques dont il devient l'objet. Davantage que sa stature d'artiste et de créateur, c'est sa réputation de personnage public qui grandit.

Mais si l'occasion fait le caricaturiste, Jean-Jacques Waltz n'en demeure pas moins un peintre exigeant et sensible à l'appel de ses chers paysages alsaciens, des tours et des portes de villages et de cités d'Alsace : Bergheim, Cernay, Châtenois, Dambach, Guémar, Kientzheim, Ribeauvillé, Riquewihr, Wihr-au-Val, Kaysersberg, Rouffach, Sélestat et Mulhouse. Il réunit une douzaine de ses aquarelles dans un recueil, *Tours et portes d'Alsace* (Bahy, 1907), qui célèbre le pittoresque architectural de ces villes. L'ouvrage est préfacé par son ami et condisciple du lycée de Colmar, le jeune avocat Joseph Fleurent ; il y fait la louange d'un artiste qui « n'a pas appris à aimer son pays et sa nature sur la recommandation du Baedeker ».

La caricature est d'autant plus forte qu'elle est juste...

Le père, la mère et le fils composent cette famille d'« envahisseurs touristiques » qui viennent coloniser les Vosges. Ces trois personnages – qui datent de 1908 – ont été réutilisés dans un petit jouet à roulettes en bois.

« Oncle Hansi »

L'ami des enfants

En 1909, Hansi introduit les enfants dans son œuvre et dans une imagerie alsacienne jusqu'alors surchargée d'érudition. Avec son *Professor Knatschké*, il attaque le système scolaire allemand dont les enseignants œuvrent à intégrer les petits Alsaciens au Reich.

Après avoir remobilisé les mauvais souvenirs du lycée impérial de Colmar et campé un personnage d'élève frondeur qui se rit des rigidités des zélés pédagogues allemands, il enrôle les enfants dans sa guerre personnelle contre l'Empire. Et puis, se souvenant des manuels allemands de son enfance qui occultaient délibérément tout ce qui était favorable à la France, il décide d'offrir aux écoliers un livre qui leur raconterait une tout autre Histoire.

C'est, en 1912, *L'histoire d'Alsace racontée aux petits enfants d'Alsace et de France par l'Oncle Hansi*, publiée par l'éditeur parisien Floury. Conçu dans un esprit proche des « livres d'amusement » d'un Benjamin Rabier et des albums documentaires d'un Job, l'ouvrage se présente comme un album de format allongé dont la couverture est un manifeste : l'Oncle Hansi s'y représente assis sur le mur de la terrasse du couvent de Sainte-Odile (d'où l'on aperçoit, au loin, la cathédrale de Strasbourg), un livre ouvert sur les genoux, captant l'attention d'un auditoire d'enfants en costume régional, sous le regard courroucé d'un couple de touristes allemands en tenue de montagne.

Sur la couverture, une petite Alsacienne et un petit Alsacien assis en avant-plan tiennent, la première, une poupée de chiffon habillée en zouave, le second un Napoléon à cheval monté sur une planche à roulettes *(ci-contre)*. Jouets de propagande ? A l'intérieur de l'ouvrage, Martin Schongauer est représenté dans sa maison à Colmar, travaillant à sa *Vierge au buisson de roses*, sous le regard d'enfants en costumes médiévaux qui l'observent depuis la rue, avec leurs jouets : hanneton attaché à une ficelle, chevalier en armure à étendard fleurdelisé sur son cheval à roulettes – et bretzels...

Le contenu est celui d'un livre de combat qui s'affranchit allègrement de certaines réalités historiques : la paisible Alsace, convoitée par le belliqueux prédateur germanique, y est présentée comme appartenant à la France de toute éternité. Dans cette relecture tricolore du passé de l'Alsace, qui stigmatise la « barbarie allemande », les petits Alsaciens sont enrôlés en « porteurs d'avenir et

Un éternel enfant au pays des enfants

Une petite Alsacienne, sous la neige, figure en médaillon ci-dessus, tandis que l'Oncle Hansi lit au milieu des enfants, « à qui il aime conter ». Sa relation avec ce jeune public se traduira de façon constante dans toute son œuvre. Il ira même jusqu'à mettre en scène des enfants dans des scènes de combats, comme dans *La bataille de la Marne* (p. 70).

artisans de mémoire », selon l'historien Georges Bischoff.

Hansi se crée un personnage d'oncle qui s'inscrit non pas dans la continuité des générations, mais dans la bulle d'un talent éprouvé qui se grise de ses succès. Un talent chèrement conquis, qui prend les générations montantes sous sa tutelle.

L'artiste à la renommée grandissante n'était-il pas demeuré, au fond de lui-même, un grand enfant ? Son refus de grandir en citoyen (*Der Untertan*, selon le titre du roman de Heinrich Mann) de l'empereur Guillaume se renforce d'un savoir-faire et d'un métier de plus en plus assurés des recettes de leur succès. Mais en faisant précéder son pseudonyme de ce débonnaire qualificatif d'oncle, il s'inscrit aussi dans une culture germanique où ce terme est couramment usité dans les ouvrages pour enfants.

Hommage à Martin Schongauer

Comme dans les bandes dessinées, Hansi place des personnages à la bordure ou à l'extérieur du cadre ; cette technique crée une dynamique et une impression de fraîcheur. Dans cette scène, des enfants en costumes médiévaux admirent le grand artiste Martin Schongauer, gloire de Colmar, peignant la Vierge (esquisse du tableau *La Vierge au buisson de roses*, exposée à l'église des Dominicains).

En route pour l'école

Aquarelle extraite de *Mon village* (1913), l'album le plus diffusé de Hansi : imprimé à près de soixante-quinze mille exemplaires du vivant de l'auteur, il connaît toujours, au XXIe siècle, un succès constant. Cet ouvrage a conduit Hansi au procès de Leipzig, en 1914.

Pour la première fois sans doute en France, un imagier affirme une naïveté graphique, venue du folklore, qui introduit la culture populaire dans la culture enfantine. Les enfants de Hansi, aux yeux bleus écarquillés, à la bouche entrouverte, laissent présager les poupées de porcelaine et autres services de table qui se multiplieront par la grâce d'un marketing avisé.

Son *Histoire d'Alsace*, qui a bénéficié des conseils efficaces de ses amis colmariens Victor Huen et Léon Stein, est couronnée, grâce notamment au soutien de Maurice Barrès et de l'auteur des *Oberlé*, le romancier René Bazin, par le prix Sobrier-Arnould de l'Académie française récompensant les « meilleurs ouvrages de littérature morale et instructive pour la jeunesse ».

Allons chez le boulanger

Dans ce dessin (extrait de *Mon village*), Hansi met en scène des enfants qui portent chez le boulanger, pour les faire cuire, tartes aux quetsches, kougelhopf et bretzels, sous le regard envieux d'un petit Allemand condamné au triste pain noir. Ce personnage, peu «politiquement correct» aujourd'hui aux yeux de certains, a été gommé lors de la réutilisation du dessin, en 1994, pour la décoration d'une boîte à gâteaux.

Le dimanche, nous mettons nos beaux habits pour aller à l'église

Dans cette *stube* (pièce à vivre), Hansi crée une scène digne du Musée alsacien de Strasbourg ou de l'Ecomusée d'Alsace à Ungersheim : avant l'office dominical, parents et enfants revêtent leurs plus beaux atours. C'est toute l'Alsace traditionnelle qui s'exprime dans ce dessin.

S'Gänseliesel (la gardienne d'oies)

L'un des nombreux dessins d'enfants de Hansi, extrait des séries de cartes postales *Gosses d'Alsace* (1920), diffusé à des milliers d'exemplaires. Cette icône de l'Alsace existait déjà, avant Hansi, sous la forme d'une sculpture, toujours située dans le parc de l'Orangerie à Strasbourg.

Dans Mon village, *Hansi recrée l'environnement bucolique d'un village alsacien qui se souvient du temps heureux d'avant l'Annexion. Les images sont tendres lorsqu'il s'agit de petits Alsaciens, mais le trait et le texte sont acerbes pour le gendarme, l'instituteur, les soldats et les touristes allemands. L'ouvrage est richement illustré de scènes traditionnelles : le départ à l'école, la préparation de la messe, l'arrivée de la cigogne au printemps...*

« L'Alsace éternelle »

Cette image d'une Alsace heureuse sert de décor aux affrontements nationalistes joués par des enfants. Réutilisée en 1994, elle a été édulcorée : on y a fait disparaître armes, drapeaux et croix de cimetière !

Petits Alsaciens sur le chemin de l'école et, en haut, jeune Lorraine.

L'instituteur prussien, cible des élèves

Hansi dénonce sans relâche le rôle des enseignants dans la germanisation de l'Alsace durant l'Annexion. L'instituteur est un immigré allemand (ce qui, en réalité, était rarement le cas), la carte murale illustre les thèses expansionnistes de la Prusse et le tableau affiche: « Berlin est la plus grande ville du monde. »

Hansi soutient l'apprentissage du français

Projet de reçu pour les dons du Prix de français en Alsace. Cette aquarelle de 1923 traduit le soutien de Hansi à l'enseignement du français en Alsace, à l'issue de plus de quarante ans de germanisation forcée. Ces prix étaient remis autour du 14 juillet dans les villages de la région, et furent perpétués jusqu'en 1948 (sauf en 1940-1945, pendant l'annexion nazie).

« Lorsque nous nous retrouvons, quelques élèves du lycée impérial de Colmar, nous évoquons les insultes, les mensonges et les injustices dont on abreuvait notre jeunesse, sous prétexte de nous germaniser. En fait, ces années de jeunesse, qui auraient pu être des années de joyeuse insouciance, ne nous ont laissé que le souvenir d'années de tristesse et de rage impuissante. »
(Hansi, *Souvenirs inédits*)

Ils sont partis !

Instituteurs, gendarmes et militaires allemands sont tous partis en 1918. Leur souvenir n'effraie même pas les oiseaux et suscite un hommage ironique de la part des enfants, libérés de toute crainte de représailles. Aquarelle extraite de *L'Alsace heureuse* (1919).

Les enfants jouent aux soldats

A Moosch, près de Thann, dans un petit secteur sous contrôle militaire français pendant toute la Première Guerre mondiale, des enfants paradent le fusil en bois sur l'épaule. Usant d'une « fausse naïveté », Hansi utilise presque exclusivement des enfants dans les scènes de guerre ou de combat. Photographie extraite de son album personnel.

Hansi expérimente dès 1917 l'art de la « bulle », qui deviendra courant dans la bande dessinée moderne pour faire parler les personnages. Cette technique était quasiment inédite à l'époque. Détail d'une planche intitulée « Un village d'Alsace », parue dans L'Illustration en 1918.

Que la guerre est jolie !

Inspirée de la photographie prise à Moosch par Hansi, cette aquarelle met en scène des enfants de Riquewihr à la parade. Dans la légende, *«H'Armes sur le Paul... DRRVATTE»*, Hansi souligne la difficulté pour les petits Alsaciens de parler correctement le français après des années de germanisation.

A Thann en 1918, dans le dessin de Hansi comme dans la réalité, un immense drapeau français flottait dans les tours de la collégiale Saint-Thibault.

Un imagier au service de la France

En 1909, Hansi a trente-six ans: il entend désormais exercer au grand jour la profession d'artiste peintre et créer à sa guise. Fini les départs matinaux à l'usine et le leurre d'un emploi tout confort! Sa décision est d'autant plus irrévocable que l'usine Herzog connaît des difficultés. Hansi ne se soucie guère de son éventuel reclassement: il a rendez-vous avec son destin.

Il est alors, tel que le décrit son ami et cadet Robert Perreau, un «grand garçon déjà voûté» à la «figure ronde», à la «forte moustache taillée et proéminente, sans pointes», aux «cheveux coupés court et rares au-dessus de la tête, laissant pressentir une calvitie prochaine». Il constitue autour de lui un groupe d'élèves, des jeunes filles de la bonne société colmarienne à qui il enseigne la technique de l'aquarelle – et qu'il emmène en excursion peindre «d'après nature».

Il fait sa mue, laisse sa peau morte de dessinateur industriel, renonce à faire école et prend son envol. Jean-Jacques se fait abeille industrieuse. Il fait son miel de ce qu'il butine au cours de ses promenades. Puis son crayon chercheur se fait rageur et devient dard, aiguillon; sa cible est l'arrogance des milieux pangermanistes. La contraction de son patronyme en Hansi claque comme un fier étendard qui rallie les rieurs et les consciences – et elle a l'avantage de préserver, pour un temps, la tranquillité de sa famille.

«On attend le Chénéral!»
Cette estampe de 1915 met en scène deux enfants prêts à s'engager.

Depuis Charles Spindler et ses amis du Cercle de Saint-Léonard, une conscience alsacienne se construit – et Hansi prend le train régional en marche. C'est grâce à la colonisation de sa terre par des élites venues d'Allemagne que l'Alsace se découvre une culture et un patrimoine – appelés à devenir un prospère fonds de commerce pour nombre de «récalcitrants».

Hansi part en croisade contre la doctrine pangermaniste propagée par l'*Alldeutscher Verband* (fondée en 1894). Cette dernière, financée notamment par les industriels Krupp et Thyssen, préconisait d'annexer, au-delà des marches de l'ouest du Reich, des zones qui, en raison de leur langue, de leur histoire et de leur «race», avaient vocation à redevenir allemandes: la Lorraine en territoire français, la Belgique flamingante, voire wallonne, les évêchés de Toul et de Verdun, Belfort et la Franche-Comté, la Suisse alémanique, une partie de la Bourgogne et la Hollande.

Si le rire est le propre de l'homme, il est une arme pour Hansi. Dans ce combat acharné contre la doctrine d'expansion coloniale des pangermanistes, il dispose non seulement d'un crayon acéré et de pinceaux inspirés, mais aussi d'une plume irrésistible.

L'orgueilleux et ridicule Professor Knatschké

Ce personnage «donneur de leçons» a connu un immense succès, en France et à l'étranger. Avec le *Professor Knatschké*, Hansi croque l'Allemand «imbu de sa supériorité», orné des traits du «pur Germain».

Naissance du Professor Knatschké

Le combat de Hansi contre l'aigle impérial lui inspire un personnage qui va asseoir sa bonne fortune. En la féconde année 1907, *L'Express* de Mulhouse lui passe commande d'un texte humoristique dans la veine de ces *Vogesenbilder* qui ont rencontré un bel écho. Hansi invente alors, au cours de soirées particulièrement inspirées à la brasserie, un *Professor Doktor Wilhelm Siegfried Knatschké*, né «fils du Propriétaire-de-maison-d'exportation-de-harengs-conservés» à Tilsit-sur-Memel, diplômé en philologie et en français – né surtout de l'observation attentive de fonctionnaires et touristes allemands et de ses souvenirs de lycée. Le personnage est croqué en pédant représentant de l'Université prussienne imbu de sa supériorité: «Grand, les yeux clairs flamboyant derrière les lunettes d'or, les traits caractéristiques du pur Germain encadrés d'une barbe blonde entière, il se tient là, tel une sorte de géant teutonique. Tout son être semble s'écrier fièrement: *"Civis germanus sum!"*».

Le journal francophile publie en feuilleton les missives (en allemand), accompagnées de dessins, de ce docte porte-parole du pangermanisme domicilié en Prusse orientale. Sous-titré *Œuvres choisies du Grand Savant Allemand et de sa fille Elsa, recueillies et illustrées pour les Alsaciens par Hansi*, ce feuilleton prend consistance et devient un livre imprimé par la Veuve Bader à Mulhouse en 1908.

Hansi se met lui-même en scène dans cette histoire sous les traits d'un jeune homme monté en gare de Colmar, à l'aspect «très singulier, une petite moustache noire, un chapeau de feutre de couleur foncée, une cravate nouée et pas de lunettes». Il devient un personnage de sa propre œuvre et de celle des autres – notamment dans le roman *Les exilés* (1911) de Paul Acker et *L'Alsace qui rit* (1912) de Jeanne Régamey.

Le succès du *Professor Knatschké* en volume est immédiat, mais les réactions de la presse allemande, ainsi que les menaces policières dissuadent l'éditeur, la Veuve Bader, de poursuivre au-delà de la quatrième édition.

De la controverse du Haut-Koenigsbourg à l'affaire Gneisse

Le climat est sensible: le 8 mai 1908, le Kaiser Guillaume II vient inaugurer, sous une pluie battante, le château du Haut-Koenigsbourg rénové, sur la crête vosgienne, en sentinelle face à la France – dont nombre de fresques étaient dues au peintre alsacien d'origine allemande Léo Schnug, que Hansi n'aimait guère.

Le 8 mai 1908, l'empereur Guillaume II inaugure, sur les hauteurs des Vosges, le château du Haut-Koenigsbourg, à l'issue des travaux de rénovation. Ceux-ci, très contestés, inspirent à Hansi une suite incisive aux *Vogesenbilder*.

C'est dans une atmosphère de polémique née autour de cette rénovation très contestée qu'il publie chez Bahy à Mulhouse une suite de ses *Vogesenbilder*, un album de seize planches en couleurs intitulé *Die Hohkönigsburg im Wasgenwald und Ihre Einweihung* (Le Haut-Koenigsbourg et son inauguration), avec des textes attribués au *Professor Doktor Knatschké*. La couverture de l'album représente le blason de la ville de Sélestat: un lion couronné dans une pose de chien docile – une allusion au don du château par les édiles locaux au Kaiser. Hansi n'oublie pas non plus de se représenter, un carton de dessin sous le bras, parmi les visiteurs du château.

Le personnage du philologue allemand et de sa fille Elsa avait échappé de fort bonne heure à son créateur aux prises avec la justice allemande : en réaction aux articles du zélé directeur du lycée de Colmar, Gneisse, dans la *Strassburger Post*, contre l'introduction de la langue française dans l'école primaire, Hansi illustre les réponses de l'abbé Wetterlé, directeur du *Nouvelliste*, par des caricatures appropriées. Celles-ci campent le *Pédagogue* (jusqu'alors connu pour ses travaux sur «l'action morale selon l'éthique de Kant») en suppôt de l'intransigeance pangermaniste. Un élève du lycée distribue des tirés à part des dessins de Hansi. Ils arrivent entre les mains de Gneisse, qui se reconnaît et porte plainte aussitôt.

Le 14 juillet 1909, Hansi comparaît en justice : il a le choix entre une amende de cinq cents marks ou trente jours de prison. Il choisit l'amende et la règle grâce aux cartes postales (représentant des touristes allemands) éditées par le périodique nationaliste *Les Marches de l'Est*. La vente lui rapporte sept cent soixante-sept marks et il adresse le solde, au nom de... Gneisse, au comité du Monument de Wissembourg destiné à commémorer la résistance héroïque des troupes françaises au Geisberg en 1870.

Knatschké, caricature de l'intellectuel allemand, est devenu un personnage très populaire en France «de l'intérieur» – et même dans le monde. Hansi reçoit un abondant courrier d'admirateurs français et de traducteurs enthousiastes qui proposent leurs services pour une réédition à

Hansi en prison

En mai 1914, Hansi passe onze jours en prison à Colmar, pour l'affaire de *Mon village*. Pendant sa détention, il réalise un dessin qui servira à l'aquarelle ci-dessus, où il se met en scène au milieu d'autres prisonniers. Le dessinateur avait droit, une fois par jour, à une promenade circulaire en compagnie d'autres détenus. Seuls les cris du gardien – *«Schritt halten!» (Au pas!)* ou *«Maul halten!» (Silence!)* – troublaient le bruit des pas des prisonniers. Mais parfois, le lointain bourdonnement de moteur d'un aéroplane leur faisait lever la tête vers le ciel et rêver à la liberté...

Le crayon de Hansi est volontiers rageur : sa cible est l'arrogance des milieux pangermanistes. Le rire devient une arme féroce, mais aussi risquée pour l'artiste.

Le Pédagogue

Cette caricature du proviseur du lycée de Colmar – le Doktor Gneisse – est particulièrement ressemblante : chapeau à large bord, lunettes, petite moustache, long cou, pardessus vert et... chaussures à clous. Gneisse déposa plainte contre Hansi, qui fut condamné à cinq cents marks d'amende.

Paris. Hansi adopte la traduction de Henri Collignon, conseiller d'Etat, alors secrétaire général de la Présidence de la République.

L'édition augmentée (cent quarante pages, avec un petit traité de prononciation allemande) qui paraît en 1912 chez l'éditeur Henri Floury remporte un vif succès. Collignon verse le montant de ses droits à la souscription du monument français élevé à Wissembourg – et perdra la vie au front, en Argonne, en 1915.

Mais l'illustre *Doktor Knatschké* poursuit son existence de papier dans l'Ancien et le Nouveau Monde. Son histoire s'enrichit d'une suite, le roman de sa fille Elsa, intitulé *Hellmut Kalepke*, qui paraît la même année (1912) que sa réédition parisienne. En 1917 paraît, à Londres, New York et Toronto, une édition en anglais qui consacre Hansi en vaillante icône de l'Alsace frondeuse et résistante, par la grâce de son « meilleur ennemi » le pédant pangermaniste que, toute sa vie, la bonne fortune accompagnera comme une ombre protectrice.

L'homme de presse

En 1911, le caricaturiste engagé Henri Zislin est condamné à deux mois de prison. Il confie à Hansi la responsabilité de son hebdomadaire *Dur's Elsass* pour les mois de février et mars. Léon Stein représente le caricaturiste en funambule évoluant sur un fil fixé à la flèche de la cathédrale, sous le regard des gendarmes, avec un porte-crayon en guise de balancier : homme d'image et homme de presse depuis ses collaborations au *Nouvelliste* et à *L'Express*, Hansi se retrouve en équilibre précaire, sous la menace des lois de l'Empire qu'il raille.

Le rédacteur en chef intérimaire de *Dur's Elsass* appelle à la rescousse les humoristes parisiens pour faire face à la charge qui lui échoit. La parution, le 21 février et le 21 mars 1911, des numéros 93 et 94 de la revue n'est pas sans risque pour l'artiste colmarien : l'affirmation de la solidarité des humoristes d'Alsace et de France l'expose aux coups des pangermanistes – les manifestations de sympathie de ses amis de France ne peuvent lui faire oublier qu'il travaille en terre d'empire, au milieu des Allemands.

En 1912, pour assurer une diffusion optimale à ses dessins, il crée *Die Westmarken* (Les Marches de l'Ouest), sous-titré *Alldeutsche Bilder und Blätter von Hansi* (une allusion aux *Alldeutsche Blätter*, l'organe de la ligue pangermaniste), une revue de huit pages in-folio rédigée en allemand. La couverture du premier et unique numéro représente Gneisse en armure, avec un bouclier aux armes de l'Allemagne, face à un dragon tricolore qui s'avance dans la plaine d'Alsace.

Davantage imagier qu'homme de presse et d'affaires, Hansi retourne vite au « cœur » de son métier. Mais sa brève carrière de journaliste-pasticheur, feuilletoniste et pamphlétaire sera d'un grand secours à l'homme d'édition et au propagandiste de guerre qu'il est appelé à devenir.

Grâce à ses amis Alexis Kreyder et Léon Hornecker, Hansi s'est fait une place parmi les collaborateurs de la *Revue alsacienne illustrée*, le trimestriel de grand luxe fondé par Charles Spindler, qui est la plus importante et

Salle des Fêtes du "GIL BLAS"

30, Rue Louis-le-Grand, 30 (Boulevard des Italiens)

TÉLÉPHONE : 102-74 – 266-01 – 267-44

L'Alsace contre l'Allemagne

EXPOSITION

des Œuvres du célèbre Caricaturiste Alsacien

HANSI

POURSUIVI & CONDAMNÉ PAR LES TRIBUNAUX ALLEMANDS

du 5 au 20 Juillet 1910, de 2 à 6 h. apres-midi

INVITATION POUR UNE FAMILLE

« L'Alsace contre l'Allemagne »

Ce slogan est le titre d'une exposition d'œuvres de Hansi présentée à Paris en juillet 1910. A la même période, Hansi est invité dans des salons et des journaux parisiens : ici, au cours d'une réception au siège du *Matin*. On reconnaît le dessinateur Poulbot (troisième à gauche), Henri Zislin (quatrième) et Hansi (au centre).

la plus influente des revues publiées en Alsace. Les amis parisiens de la revue adoptent celui dont le pseudonyme leur est déjà familier, bien avant que Hansi ne «monte à Paris» rencontrer son éditeur Floury. La question de l'Alsace-Lorraine passionne la capitale – tout comme les difficultés de Hansi avec les autorités allemandes.

Hansi à Paris : un enjeu national

Le 25 avril 1910, le Dîner de l'Alsace à Table organise, à l'occasion de son vingt-cinquième anniversaire, un petit salon alsacien à Paris dans les salles du restaurant Champeaux, avec des œuvres de Hansi, Hornecker, Kreyder, Ortlieb, Benner, Brion, Lix, Marchal et Haffner.

Le célèbre dessinateur satirique Jean-Louis Forain et bien d'autres grandes signatures de l'illustration française (Willette, Truchot, etc.) encouragent ce «jeune patriote», resté «en otage» volontaire dans la belle «province perdue», à participer à leurs expositions. Le 1er avril 1911, Hansi expose au Salon de la Société des dessinateurs humoristiques français de Paris. Tandis que Maurice Barrès lui consacre un article dans *L'Illustration* (Noël 1911), il se lie d'amitié avec Georges Courteline, fréquente la brasserie Lipp, échange de menus propos sur la gastronomie avec Curnonsky et jouit sans illusions de sa jeune renommée :

«Cependant Paris ne pouvait faire oublier l'Alsace et Hansi revenait avec plaisir chez lui, même quand une frontière le séparait de la France. Artiste et historien régional, il n'envisageait pas d'exercer son art ailleurs, il avait fait de l'Alsace le centre de ses travaux, de ses pensées, de ses recherches, il était devenu l'homme d'une idée. Cette idée lui avait valu une notoriété que fortifiaient les circonstances et les événements, mais qui lui venait de l'Alsace et à cause de l'Alsace. Il se rendait compte qu'à Paris, la renommée qui l'avait précédé lui ouvrait des portes et gagnait des amitiés, mais il ne se faisait pas d'illusions. Sa personnalité valait par son particularisme, par l'intérêt du sujet auquel il se consacrait exclusivement et il répétait souvent : "A Paris, on n'est plus rien".» (Robert Perreau)

Paris n'est pour Hansi qu'une étape obligée : s'il goûte l'amitié de ses pairs parisiens, ainsi que celle des milieux nationalistes qui voient en lui l'incarnation de l'Alsace, s'il apprécie le soutien des réseaux qui font de lui un personnage officiel, les revendications de l'Alsace n'en demeurent pas moins sa préoccupation. C'est avec plaisir qu'il illustre, avec Henner, Sattler, Benner, Schnug et Prouvé, des poèmes de l'industriel Georges Spetz – ce dernier lui avait réservé la *Dame blanche du Pflixbourg*.

Mais son destin lui échappe. Au cours des cinq années qui précèdent la Grande Guerre, les incidents se multiplient en Europe et le joug allemand, avec l'arrivée du nouveau Statthalter (gouverneur), le comte von Wedel, soumis aux surenchères pangermanistes, se durcit en Alsace-Moselle.

Entre la parution de *Professor Knatschké* (1908) et celle de *Mon village* (1913), Hansi accomplit l'essentiel de son œuvre polémique et doit sa notoriété à la virulence de la presse et de la justice allemandes.

Sur le fil

Cette caricature de Léon Stein (1911) met en scène Hansi en funambule évoluant sur un fil fixé à la flèche de la cathédrale de Strasbourg, sous le regard des gendarmes allemands, avec un porte-crayon en guise de balancier. L'imagier se retrouve en équilibre précaire, sous la menace des lois de l'Empire qu'il raille.

Hansi menotté : un photomontage !

Hansi ne craint pas l'autodérision, comme dans ce photomontage (non publié) de 1893 qui le montre enchaîné à un gendarme allemand dans un train en partance pour l'Allemagne ! A cette même période, il suivait des cours de dessin industriel à Lyon.

Fin 1913 éclate l'incident de Saverne, qui creuse le fossé entre la population alsacienne et la caste militaire allemande : le lieutenant allemand von Forstner encourage un soldat, par une prime de dix marks, à abattre de sales *Wackes* (voyous) d'Alsace, ce qui suscite des manifestations – et des lithographies de Hansi, dont l'une invoque « quelques authentiques *Wackes* d'Alsace » nommés Kellermann, Kléber, Rapp ou Lefebvre, illustres généraux et maréchaux de la République et du Premier Empire français.

Le 18 janvier 1914, au restaurant Central de Colmar, Hansi brûle un morceau de sucre au-dessus de la chaise laissée par un officier allemand, pour « purifier l'air ». Il est poursuivi et condamné à trois mois de prison. Le jugement n'est pas exécuté tout de suite, mais Hansi se retrouve au tribunal pour *Mon village*, qui brosse un tableau idyllique de la vie dans un village du nord de l'Alsace – une tranquillité perturbée par la présence allemande.

Les procès qui lui sont intentés par les autorités allemandes lui valent une gloire de martyr national et un statut de personnage officiel de la IIIe République : Georges Clemenceau prend sa défense dans un éditorial de *La Libre Parole* (21 mai 1914) et Jean Jaurès publie dans *L'Humanité* la photo de ce vaillant héraut de la liberté d'expression bafouée. Au-delà de la revendication alsacienne, la personne du facétieux Jean-Jacques Waltz est investie d'un enjeu national : Hansi a été emprisonné (du 18 au 30 mai 1914) pour avoir, dans *Mon village*, « excité les Alsaciens à détacher l'Alsace de l'Empire par la violence ».

Le 11 juillet 1914, la Haute Cour allemande de Leipzig le condamne à un an de prison pour haute trahison. Profitant d'un incident de procédure et prétextant une caution à récupérer à Colmar, il obtient un élargissement. Il le met à profit pour échapper, en gare de Colmar, à la surveillance policière, reprendre le train pour Saint-Louis et sortir d'Alsace : il entre à pied en Suisse, d'où il passe à Belfort. Ce qu'il lui reste de cheveux blanchit subitement cette nuit-là.

Trois semaines après, la guerre éclate.

Mon village

L'ouvrage valut la prison à Hansi en 1914. Contrairement à une idée reçue, ce livre – comme tous les autres – n'était pas interdit à la vente en Alsace. Néanmoins, il était plus facile, pour les Alsaciens, de se procurer les ouvrages de Hansi lors d'excursions outre-Vosges, du côté français, notamment lors des cérémonies du 14 juillet.

Un homme de presse engagé

Hansi et Henri Zislin (à droite), réunis pour poursuivre la parution de l'hebdomadaire mulhousien *Dur's Elsass*, suite à la condamnation de son directeur, Zislin, à deux mois de prison pour antigermanisme. Robert Perreau caractérise les deux hommes comme « des francs-tireurs opérant pour la bonne cause, mais suivant chacun leur inspiration. Amis, ils étaient parfaitement indépendants l'un de l'autre, maîtres de leur action, sans aucune contrainte, ni attache politique. Et solidaires. »

Le seul portrait de Hansi

Dû au talent du peintre alsacien Hornecker, ce portrait de Hansi est le seul connu. Il date de 1913, époque de la maturité, tant politique qu'artistique, du caricaturiste. Son visage dégage une sérénité grave qui préfigure les années difficiles de la guerre, de l'exil et du combat sans faille contre l'ennemi allemand.

Une certaine idée du bonheur

«Vous trouverez encore aujourd'hui en Alsace, surtout dans le Sundgau, des églises isolées au milieu de la campagne. Eh bien, autour de ces églises, il y avait autrefois de jolis villages, des fermes, des maisons (...), des jardins où l'on voyait l'arbre à quetsches et le cerisier fleurir d'abord, et puis se charger de fruits mûrs... Les habitants étaient heureux ; ils travaillaient leurs champs, soignaient leurs vignes et le soir, jeunes gens et jeunes filles, se tenant par le petit doigt, s'en allaient sur la grand-route en chantant (...). Tout respirait la joie, le bonheur tranquille et la Paix.» (Hansi)

Hansi historien

Il était une fois l'Alsace...

Les jolis villages sans horizon de Hansi s'expliqueraient-ils par la perpétuelle présence de la belle province en première ligne de front ?

Théâtre d'opérations guerrières et zone soumise à la tutelle allemande du temps de Hansi, l'Alsace revient de loin sous son crayon.

Des Celtes au Saint Empire

Au commencement, vers l'an mille avant l'ère chrétienne, étaient les Celtes, venus s'installer entre Vosges et Rhin – le décor est planté... Ils laissèrent un ouvrage stratégique, que le pape alsacien Léon IX baptisa le « mur des païens ».

La colonisation romaine fit éclore une nouvelle civilisation – et la vigne qui s'accroche aux collines... Vers l'an 12 avant l'ère chrétienne, le général Drusus (frère du futur empereur Tibère) établit des camps fortifiés le long du Rhin, dont celui d'*Argentoratum*, que les Germains rebaptisèrent *Strateburg*, la ville des routes. Au Ve siècle, les Romains furent submergés par les Alamans, lesquels furent défaits par les Francs.

Après 1918, Hansi célèbre
le retour de l'Alsace en terre française.

Vers 610 apparaît le terme d'*Alesaciones*. C'était dans la *Chronique* de Frégédaire. Pour la première fois, le beau pays situé entre Rhin et Vosges est désigné sous le nom d'*Alesacius* – et les Alsaciens sont identifiés comme un peuple.

En 842, Charles le Chauve, à la tête d'une armée française, et son frère Louis, à la tête de troupes germaniques, se promettent mutuellement assistance contre leur aîné Lothaire, chacun dans l'idiome des guerriers de son frère : le roman français, d'une part, et le francique rhénan de l'autre. La littérature française serait-elle née ce 14 février 842 dans la plaine d'Alsace avec les Serments de Strasbourg ?

En 962, Otton Ier fonde, face au royaume de France, le Saint Empire romain germanique. L'ère des cathédrales et des châteaux s'ouvre dans une Alsace intégrée à l'espace linguistique germanique.

La construction de l'abbaye de Murbach

«Au commencement du Moyen Age, on avait construit beaucoup d'églises en Alsace. Celles de Murbach, de Marmoutier, de Saint-Léger à Guebwiller, de Sainte-Foy à Sélestat comptent parmi les plus remarquables. Ce sont des églises du style roman, comme on dit.» (Hansi)

Prospérité, rivalité et identité

Strasbourg et Colmar deviennent deux des dix villes impériales de la Décapole (1354) et la cathédrale de Strasbourg, dont l'architecte Johann Hültz achève la flèche en 1439, constitue l'une des créations les plus audacieuses de l'art gothique tardif. C'est la grande époque de la prospérité alsacienne, ainsi qu'en témoignent les villages cossus dont Hansi a croqué les tours et les remparts. Des châteaux aux villes fortifiées serrées autour de leurs églises, les références au Moyen Age, demeurées nombreuses, participent à l'identité du paysage alsacien.

Meurtrie par la guerre de Trente Ans, l'Alsace réintègre le royaume de France en 1648, tout en développant, au contact de l'univers germanique, une culture originale.

Annexée par l'Allemagne en 1871, redevenue française en 1918, occupée par les armées de Hitler en 1940, à nouveau française en 1945, elle fut l'enjeu de l'âpre rivalité franco-allemande. Le goût français s'affirme et suscite nombre de monuments, de palais et d'hôtels particuliers à l'aristocratique cachet francisé (hôtel de ville de Strasbourg, châteaux des Rohan à Strasbourg et Saverne, etc.)

Pour le patriote Hansi, l'Alsace ne fut jamais perdue pour la France. Et jamais elle n'a perdu le goût des fêtes chaleureuses et colorées dont il fut le chantre le plus accompli. En ces années d'Annexion où l'Alsace se cherchait une identité, Hansi a su se faire l'interprète talentueux de cette volonté et lui a dessiné ce visage revenu de loin.

La bataille de Turckheim

Cette aquarelle, comme la précédente, est issue de *L'histoire d'Alsace racontée aux petits enfants par l'Oncle Hansi* (1912). «Pour Hansi, écrit l'historien Georges Bischoff, les remparts sont un lieu d'histoire, de liberté ou de libération. Ainsi, à Turckheim, en 1675, l'armée de Turenne s'engouffre victorieusement par la Porte Haute pendant que les Impériaux s'enfuient pitoyablement par la porte opposée.»

Le printemps est revenu !

Au village, la cigogne revient chaque année. A son arrivée, qui annonce le printemps, les enfants chantent : « Cigogne, t'as de la chance, tous les ans tu passes en France, rapporte-nous dans ton bec un petit pioupiou. » Aquarelle publiée dans *Mon village* (1913).

Merveilleuse imagerie «hansienne»...

Cette magnifique aquarelle, aux tonalités japonisantes, présente tous les ingrédients de l'imagerie «hansienne»: la place du village, lieu de brassage social, entourée des maisons à colombages, le toit de tuiles surmonté d'un nid et d'une fière cigogne de retour au pays après l'hiver... Sans oublier le «petit peuple» de Hansi: les enfants revêtus de leurs costumes alsaciens, l'instituteur, le curé et l'inévitable gendarme allemand, marchant au pas de l'oie et surveillant tout son petit monde.

L’Alsace des champs et l’Alsace des villes

Trois aquarelles présentant des vues de l’Alsace traditionnelle :

Saint-Côme près Masevaux (1944), reprise d’une aquarelle parue dans *Le paradis tricolore.*

Sélestat. Une sœur de Ribeauvillé à Sainte-Foy (1920).

Obernai. La rue Sainte-Odile (1933). Cette illustration est extraite de *Au pied de la montagne Sainte-Odile*, publié par Floury en 1934, et qui fut le dernier grand livre d’images de Hansi.
Dans ce livre, il promène le lecteur dans trois localités nichées au pied du mont Sainte-Odile : Obernai, Boersch et Rosheim. Imprimé à plus de mille deux cents exemplaires, l’ouvrage fut rapidement épuisé.

Hansi sur le vif

En compagnie de jeunes femmes de la bonne société colmarienne, Hansi prodigue un cours d'aquarelle et réalise des peintures sur «le motif». Dans ce pré à Labaroche, le 11 juillet 1907, le dessinateur est situé face à une ferme vosgienne coiffée du toit de chaume traditionnel.

Marcheur et peintre infatigable

En dehors de Colmar, c'est dans la région des Trois-Epis, Labaroche et Orbey que Hansi posait le plus souvent son chevalet pour peindre sur le vif. Proche de sa ville, cette partie du piémont vosgien était accessible par le tramway. Ses amis Perreau et Fincker hébergeaient volontiers Hansi dans leur « chaumière » de Labaroche.

Le chemin de fer du col de la Schlucht (vers 1910).

L'église de Labaroche (1906).

Une ferme à Orbey (août 1937).

Près de Labaroche (1905).

Châteaux du Dreistein (1911).

Une des stations du chemin de fer du col de la Schlucht (vers 1910).

Les châteaux d'Ottrott (août 1906).

Le mur Païen au mont Sainte-Odile (août 1906).

Une ferme à Wangenbourg (1907).

L'oppression allemande...

4 août 1914, la guerre est déclarée. Les soldats et les gendarmes allemands arrêtent des Alsaciens « soupçonnés de sentiments français ». Une multitude de détails montre la tristesse et la désolation qui règnent dans le village : la maîtresse d'école sermonne les enfants, un gendarme allemand fait enlever le coq qui coiffe la fontaine, des soldats pillent les maisons... Même la cigogne affiche une posture résignée ! Partout, la terreur et l'angoisse règnent.

A gauche : *Un village alsacien occupé par les soldats allemands* (1917), entre Thann et Wesserling.
A droite : *Le même village alsacien libéré par les soldats français* (1917).
Aquarelles publiées dans *L'Illustration* (1918).

...et le bonheur français

Arrivée des Français à la fin de la guerre. Tous les habitants affichent la joie retrouvée : à l'école, les enfants apprennent avec enthousiasme La Marseillaise, les soldats trinquent avec les habitants, les drapeaux français flottent sur les façades... tandis que la cigogne est à l'unisson de ce bonheur collectif. Le trait à la fois sensible et plein d'humour de Hansi donne à ses dessins une éternelle fraîcheur.

Les Français sont là !

Cette affiche de 1916 projette, à l'issue de la guerre, la paix retrouvée. Par un procédé graphique d'avant-plan très moderne pour l'époque, Hansi nous introduit dans le décor souriant d'un village alsacien (vraisemblablement Turckheim). Les habitants y conversent aimablement avec les Français libérateurs, tandis qu'un pauvre hère allemand est en grande discussion avec un soldat. Aucun esprit de revanche n'habite les protagonistes de ce tableau idyllique.

1914
Hansi entre en guerre

Quand la guerre commence, Hansi s'engage à Gérardmer, endosse à quarante ans l'uniforme des soldats de France (dont la capote bleue et le pantalon garance!) qu'il avait représentés dans *Mon village*, puis devient «interprète stagiaire» au 152e Régiment d'infanterie à Epinal, au pays des images! Il interroge les prisonniers (dont le lieutenant qui avait été le principal témoin à charge lors du «procès du morceau de sucre»...), analyse la presse allemande, dessine des cartes postales patriotiques qui participent à l'effort de guerre et même des planches de soldats pour l'imagerie Pellerin d'Epinal.

L'imagier Hansi fait mouche et école là où peinent les discours convenus sur «la province perdue»: il inspire Emile-Joseph Porphyre Pinchon qui, en 1915, reprend l'iconographie de *Mon village* dans son album *Bécassine pendant la Grande Guerre*. Dans le feu de la grande épreuve nationale, les deux extrêmes de l'Hexagone se rencontrent – et deux puissants esprits de terroir se fécondent mutuellement.

Au mois d'août de cette année 1915, le condamné du procès de Leipzig est affecté au grand quartier général à Paris, hors de portée de l'ennemi, qui avait mis sa tête à prix pour cinq mille marks et interdit la diffusion de son œuvre.

Hansi est décoré de la croix de la Légion d'honneur, le 18 janvier 1915, à Epinal.

En novembre 1917, Georges Clemenceau, qui avait soutenu Hansi lors du procès de Leipzig, devient président du Conseil. Le Tigre et l'imagier prennent plaisir à se revoir, se réunissent avec le général Pétain et organisent une véritable méthodologie de la propagande aérienne, dont l'un des hauts faits d'armes est le largage aérien des propositions de paix du président américain Wilson. Le huitième point de ces propositions précise: «Le tort fait à la France par la Prusse en 1871, en ce qui concerne l'Alsace-Lorraine, qui a troublé la paix du monde pendant cinquante ans, devra être réparé.» Le 2 octobre 1918, le maréchal von Hindenburg déplore dans la *Norddeutsche Allgemeine Zeitung* que l'invincible armée allemande soit trahie par des procédés déloyaux!

La victoire des Alliés consacre le retour à Colmar de Hansi, le 18 novembre 1918, à la tête de la première compagnie du 127e Régiment d'infanterie. Le lendemain, le colonel Rapp cite à l'ordre de son

A l'attaque!

Petits Alsaciens enrôlés par Hansi dans *La bataille de la Marne* (voir p. 70).

Hansi acteur de la guerre de propagande

A partir de novembre 1915, Hansi est affecté au 2e Bureau du ministère de la Guerre. Il y passera près de trois ans à organiser sans relâche des opérations de propagande destinées à saper le moral allemand : tracts, faux livres, faux journaux, affiches... La guerre des imprimés (Papierkrieg) fait rage.

La richesse perdue des Allemands

Avec ce tract, dans lequel un pauvre Allemand mendie sur fond de billets de banque dévalués, Hansi dénonce l'appauvrissement et la misère causée aux Allemands par la guerre qu'ils ont eux-mêmes engagée.

Avec l'officier interprète Ernest Tonnelat, un professeur agrégé d'allemand « dans le civil », Hansi rédige les tracts et fabrique les faux documents qui entendent saper le moral de l'armée allemande. Sous l'autorité du capitaine Ladoux, chef du 2e Bureau, ils mettent au point un *J'accuse, lettre ouverte d'un prisonnier allemand à ses camarades*, attribué à un sous-officier souhaitant contourner la censure, tiré à cinquante mille exemplaires et lancé sur le front.

Ce premier essai de subversion, plus que concluant, est suivi par le lancement d'un journal de tranchée, *Die Feldpost*, dont la typographie imite à la perfection les périodiques allemands, puis par de fausses éditions de la *Frankfurter Zeitung* ou de la *Strassburger Post*. Les rapports allemands imputent au *Papierkrieg* (guerre des imprimés) les revers qu'ils subissent : plus de cent mille tracts sont jetés quotidiennement dans leurs lignes. De surcroît, les services français soutiennent les publications de l'opposition allemande.

Dans leur petit bureau, au quatrième étage du ministère de la Guerre, Hansi et Tonnelat ont lancé une machine de guerre d'une redoutable modernité : à travers d'innom-

Un as de la « Papierkrieg » aérienne

Lâcher de tracts depuis un avion français sur un village alsacien occupé par l'armée allemande (secteur de Kaysersberg). Au cours de la guerre, Hansi fut notamment affecté à la réalisation de tracts visant à démoraliser les forces allemandes. L'aquarelle originale fut remise au président Wilson lors d'un séjour à Paris, fin 1918. Dans un message de remerciement, le chef d'Etat américain répondit à Hansi que son envoi est l'« un des plus précieux souvenirs de son voyage en France ».

brables journaux, brochures, tracts et opérations d'intoxication, ils ont, en trois années d'offensives victorieuses, sapé le moral de l'armée ennemie et cassé la confiance du peuple allemand. Leur succès repose sur ce constat simple, énoncé par Hansi dans l'introduction de leur ouvrage, *A travers les lignes ennemies* (Payot, 1922) : « Je me rendis vite compte que la force morale de cette armée formidable reposait sur un mensonge immense : tous, des simples soldats aux officiers supérieurs, tous étaient convaincus, croyaient de toutes les forces de leur être que leur pays avait été attaqué ; que c'était nous, les Alliés, qui avions voulu et déclaré cette guerre ; que nos troupes avaient envahi l'Alsace sans déclaration de guerre ; que nos avions avaient attaqué Nuremberg, etc. Le gouvernement impérial avait su, par un savant bourrage de crâne (où certains journaux suisses ont joué un grand rôle), répandre dans toute l'armée cette conviction profonde qu'elle se battait pour défendre la patrie contre une agression inique. (...) J'avais la certitude que, si l'on réussissait à entamer cette foi, à faire connaître aux soldats allemands la vérité, le moral de cette armée redoutable serait ébranlé. »

Une contribution décisive à l'effort de guerre

Si le général Ludendorff dénonce le « coup de poignard dans le dos » de cette guerre de propagande, l'état-major allemand envie l'efficacité de cette machine de guerre, dont il reconnaît « l'extraordinaire habileté ». Dès les premiers combats de septembre 1914, les Allemands avaient été les premiers à recourir à la « propagande par intimidation ». Simplement, comme le relève Hansi, celle-ci était trop grossière : « Car la condition première, fondamentale, d'une bonne propagande est celle-ci : il faut, si l'on veut agir sur l'ennemi, écrire sa langue aussi bien que lui ; la moindre faute rend ridicule et annule l'effet d'un papier par ailleurs bien conçu. »

Faute de pouvoir faire la guerre dans une unité combattante, Hansi a apporté sa contribution décisive à la capitulation de l'Allemagne et à la libération de l'Alsace.

Les enfants soldats jouent la bataille de la Marne

Hansi imagine une adaptation de la bataille de la Marne entre des petits Alsaciens et des petits Allemands. Cette belle lithographie, de décembre 1914, fourmille de détails et de saynètes où les Français font subir mille avanies à leurs adversaires. C'est l'une des rares images où Hansi présente concrètement une «confrontation guerrière» entre les deux peuples. A noter la poupée en tirailleur sénégalais ; Hansi, qui détestait le racisme, présentait souvent de sympathiques soldats africains dans ses dessins.

420

Bonheur de fin de guerre

Le 18 novembre 1918, quelques jours après la signature de l'armistice, Hansi pose en compagnie de deux jeunes Alsaciennes.

régiment «l'interprète Waltz connu et aimé en France sous le nom de Hansi»; ce «grand artiste, serviteur passionné de la France, a lutté et souffert pour avoir contribué, par la plume et le dessin, à maintenir intacte la fidélité de l'Alsace à la mère Patrie».

Le «serviteur passionné de la France» réunit ses aquarelles de villages reconquis en un album, *Le paradis tricolore* – le paradis retrouvé de ses permissions en Alsace, notamment à Masevaux, où les drapeaux français aux fenêtres lui réchauffaient le cœur.

Entre décembre 1918 et avril 1919, trente mille Allemands sont chassés d'Alsace, pendant que Hansi, après avoir croqué le départ des ennemis par le pont de Kehl, redevient le peintre de Colmar et le paisible conteur sur toile qui s'en retourne à l'école de la nature.

Prière à la mémoire d'un ami mort

Cette image émouvante d'une petite Alsacienne priant sur la tombe d'un ami mort au combat (1915) a connu de multiples versions sous forme de cartes postales et d'affiches.

Pendant la Première Guerre mondiale, l'officier interprète Hansi, basé à Epinal, puis à Paris, jouit d'une grande liberté de mouvement et peut se déplacer sur les lignes de front. Cependant, il ne participe jamais aux affrontements. Son combat, il le mène par le dessin et la réalisation de documents de propagande.

Bécassine au côté de l'Alsace et de Hansi

En 1915, Porphyre Pinchon, le père de Bécassine, associe les petits Alsaciens de *Mon village* à son héroïne, dans le cadre de son nouvel album *Bécassine pendant la Grande Guerre*. Les épreuves du conflit rassemblent les deux extrêmes de l'Hexagone (la Bretagne et l'Alsace) et leurs créateurs se fécondent mutuellement à cette occasion.

Les Germains rêvent à l'Alsace

Dans *L'histoire d'Alsace*, réalisée en collaboration avec Victor Huen en 1912, Hansi met en scène l'éternelle volonté de conquête de la région par les peuples germains. On remarque l'inscription *« Wotan mit uns, 70 av. JC »* accrochée sur la peau de bête du guerrier du milieu, comme un ironique rappel du fameux *« Gott mit uns »* des soldats allemands de 1914-1918.

Obsessions allemandes

Pas de haine, mais une ironie très politique

Les premiers Allemands que le jeune Waltz prend en aversion appartiennent évidemment au corps enseignant. C'est dans un mortel accablement que le cancre du lycée impérial de *Colmar in Elsass* subissait les prêches de ceux qu'il considérait comme des agents d'une « puissance ennemie », missionnés pour intégrer les petits Alsaciens au Reich. En cette qualité, ils étaient en première ligne pour essuyer les traits acérés de Hansi – et les premières foudres du caricaturiste en herbe qui les représentait volontiers, à l'image du *Pédagogue* Gneisse, en stériles échalas aux lunettes rondes cerclées d'or.

Le gendarme, de préférence ventru et moustachu, était une figure d'autorité omniprésente dans le quotidien des Alsaciens : le jeune Waltz en caricaturait volontiers la lourdeur obtuse – l'agilité d'esprit n'était pas le fort de ce digne représentant de l'ordre prussien.

Quand il arpentait les campagnes d'Alsace, Jean-Jacques croisait une engeance dont il ne prisait guère la prolifération : les touristes allemands, suréquipés et très organisés, qu'il considérait comme des colonisateurs épris de confort. De même, il ne goûtait guère l'arrogance des fonctionnaires, des officiers et des soldats de la puissance occupante qui se comportaient comme en pays conquis : *« Glücklich wie Gott in Frankreich ! »* (Heureux comme Dieu en France). Leurs privilèges indisposaient la population alsacienne et excitaient le trait du caricaturiste.

Hansi nourrissait sa verve à la meilleure veine caricaturale venue d'outre-Rhin : celle des dessinateurs de la revue munichoise *Simplicissimus*, dont la talentueuse irrévérence s'exerçait tout particulièrement aux dépens des militaires prussiens. La couverture du numéro du 10 avril 1911 représente l'Alsace comme une bonne soumise à sa nouvelle maîtresse, la Prusse – croquée en Walkyrie adipeuse et embourgeoisée.

Peu rancuniers, les Allemands consacrèrent, en 1965 et 1967, deux émissions de télévision à Hansi et convinrent que son humour était souvent approprié. Mais le meilleur hommage d'un Allemand à Hansi n'était-il pas celui que le premier d'entre eux lui adressa par inadvertance, à savoir le Kaiser ? Alors que son convoi passait le col de la Schlucht, Guillaume II aperçut des touristes en vareuse verte et chapeau à plume. Se penchant vers le chef de son état-major, von Moltke, il lui aurait dit :

– *Schau, Julius, da kommen die Hansi's !* (Regarde, Jules, les « Hansis » arrivent !)

Prises de guerre

Un soldat allemand avec ses « prises de guerre ». Ce dessin, tout en donnant une image presque bienveillante de l'envahisseur, dénonce le pillage systématique de l'Alsace par ses encombrants voisins.

Des ennemis certes, mais des hommes

Croquis de prisonniers allemands réalisés à Epinal en 1915, extraits des carnets de dessins de guerre de Hansi. Le caricaturiste exprime dans ses dessins une réelle compassion pour de simples soldats, victimes de la politique militariste de leur propre pays.

Ah, la dure vie au front...

Cette aquarelle sarcastique, qui dénonce les soldats allemands «planqués» en Alsace, pays de cocagne, a été publiée le 21 février 1911, en dernière page du journal *Dur's Elsass*, lorsque Hansi assurait l'intérim de Henri Zislin, emprisonné pour antigermanisme. Le soldat allemand fait croire à son destinataire qu'il lui écrit du Sahara, alors qu'il se trouve tranquillement installé dans un bureau face à la cathédrale de Strasbourg! «Je suis en plein désert. Hier, la chaleur était de 85 degrés. Depuis huit jours, je n'ai absolument rien bu, pas même une goutte d'eau. Nous mangeons du sable du Sahara mélangé d'un peu de riz. La plupart des légionnaires meurent de soif et de faim, d'autres sont dévorés par des bêtes féroces...»

Le fléau touristique

Ces vignettes sont extraites des *Vogesenbilder*, livre publié à l'issue de l'inauguration du Haut-Koenigsbourg rénové par le Kaiser Guillaume II. Elles insistent sur le caractère arrogant et colonisateur de l'Allemand en villégiature en Alsace et dans les Vosges. Des images très modernes, dénonçant le phénomène d'encadrement et de contrôle de la nature sauvage.

Cette planche extraite des *Vogesenbilder*, première série, montre combien Hansi était rebelle à la rigueur et à l'organisation allemandes. La forêt est balisée : on découvre, çà et là, des bancs d'agrément, des poubelles rudimentaires et nombre de panneaux d'orientation. Pourtant, malgré tous les efforts déployés par l'administration allemande, les lecteurs du *Strassburger Post* ont laissé derrière eux papiers gras et bouteilles brisées... Hansi adore les raccourcis, même excessifs. Comme souvent, il voit juste et fait mouche.

Les Allemands s’en vont... et reviennent

Grâce à la technique de l’ombre chinoise (ci-dessus), Hansi montre le départ des Allemands, chassés d’Alsace sans ménagement après la défaite de 1918. Toutefois, dès 1920 (ci-dessous), grâce au travail de sape des autonomistes alsaciens et en profitant des maladresses de l’Etat français à l’égard de l’Alsace, les Allemands réinvestissent la rive gauche du Rhin. C’est l’amorce d’une période appelée «le malaise alsacien».

PHARMACIE
ÄPOTHEKE
PRIX FIXE
13 Mk

L'affaire de Saverne ou la victoire du rire

L'ironie de cette lithographie (1914) réside dans la légende de Hansi, qui indique : « Comment à Saverne, quarante-deux ans après l'Annexion, Herr Oberleutnant von Forstner fit l'emplette d'un paquet de chocolat. » En 1913, avait éclaté « l'affaire de Saverne », où un jeune lieutenant, le baron von Forstner, incita un soldat rhénan à abattre les sales *Wackes* d'Alsace (voyous) et promit une récompense de dix marks pour chaque forfait. Les manifestations des Alsaciens qui s'ensuivirent furent sévèrement réprimées. Hansi, comme à son habitude, met les rieurs de son côté.

Le Kronprinz et les victimes de Verdun

Une image terrible dénonçant le « cynisme allemand », à la suite des combats meurtriers de Verdun en 1916, qui causèrent la disparition de plus de sept cent mille soldats. Cette affiche de Hansi, réalisée en 1916, fait partie des rares représentations de la mort dans son œuvre. Elle rend les Allemands, ici personnifiés par le Kronprinz, uniques responsables de cet hallucinant massacre collectif.

L'Alsace en bleu-blanc-rouge

Détail d'une affiche imprimée en 1917 : « Souscrivez tous au troisième emprunt de la Défense nationale. Vous aiderez nos héroïques soldats à rendre Strasbourg à la France. » C'est le 22 novembre 1918 que les troupes françaises entreront dans Strasbourg.

Un artiste mondialement reconnu

La Grande Guerre terminée, Jean-Jacques Waltz retrouve son père, veuf depuis 1912, et tous deux s'installent dans une maison au n° 9 du boulevard du Champ-de-Mars à Colmar, où Hansi s'aménage un atelier bien éclairé et une vie réglée : à quarante-cinq ans passés, il s'installe pour de bon dans son statut d'imagier de son *Alsace heureuse* – titre de l'album qu'il publie en 1919. Et le fils Waltz s'astreint à une vie de labeur, tout entière vouée à la pleine maîtrise de son art et à la production de masse de son imagerie – hormis une détente, avant l'heure du dîner, à la brasserie avec de vieux amis.

Est-ce ainsi que l'on devient Hansi : par un travail acharné et une fidélité passionnée à l'Alsace française et à sa part d'enfance ? Parce qu'il les aime sincèrement et sans mièvrerie et les observe comme peu d'adultes savent le faire, le « tonton gâteau » Hansi sait parler la langue des enfants, trouve les couleurs qui leur parlent et les émerveillent.

En 1920, le président de la République, Alexandre Millerand, remet place Rapp l'insigne de la Légion d'honneur à celui qui a reconquis par son crayon, sa plume et ses pinceaux la nationalité française.

Hansi, vers 1930,
dans son atelier de Colmar.

Son rêve d'enfant est enfin réalisé et les enfants du jour, dont les parents lisaient ses albums, vont à l'école française. C'est à ces Alsaciens de demain que s'adresse *L'Alsace heureuse* qu'il signe à « Colmar-en-France » le 8 décembre 1919.

L'après-guerre d'un patriote

L'après-guerre de Hansi, c'est le temps retrouvé de Jean-Jacques : délivré, pense-t-il, du combat politique et des urgences du polémiste, l'artiste retrouve toute sa disponibilité pour se consacrer à son apostolat : illustrer sa ville et sa belle province, conter ses beautés et ses habitants. Les vingt années qui séparent le sacre de Hansi du déclenchement de la Seconde Guerre mondiale sont aussi fécondes que paisibles pour le créateur-paysagiste – même s'il arrive au patriote de manifester quelque contrariété ou de se mêler à l'effervescence parisienne de Montmartre (il est citoyen d'honneur de la République libre de Montmartre), où il garde une chambre rue Saint-Simon.

Dans l'intervalle, le continent est soulevé, d'un côté, par la révolution bolchevique, la montée des fascismes, la crise des Sudètes, les surenchères de Hitler et la guerre civile espagnole ; de l'autre, par les mouvements dada et surréaliste, l'Exposition universelle des Arts décoratifs de 1925 et l'essor de la publicité.

Mais Hansi demeure souverainement indifférent aux charmes des garçonnes mises à l'honneur depuis le roman de l'académicien Victor Margueritte (ou autres « madones des sleepings ») : il est l'ambassadeur et l'âme d'une

Hansi, après 1918, est persuadé qu'il est délivré du combat politique et des rigueurs du polémiste. Il veut se consacrer à sa ville, à sa province, à ses passions. Mais cette liberté sereine ne durera pas.

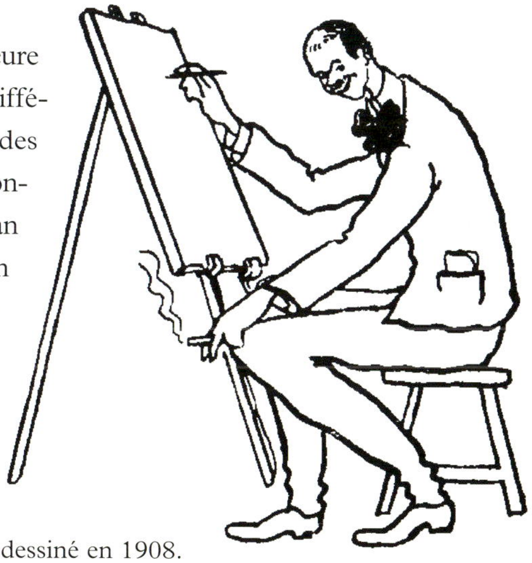

Autoportrait de Hansi, dessiné en 1908.

Le retour au pays du héros

Le 18 novembre 1918, sous l'ovation de la foule, quelques jours après la signature de l'armistice, Hansi rentre à Colmar entre deux sections d'infanterie sous le commandement du général Messimy. A l'issue de la guerre, il connaît une période d'euphorie : on l'arrête dans la rue pour lui demander des autographes, il reçoit la visite de personnalités (dont Pétain), il est convié à des remises de décorations, des réceptions... Puis l'artiste se remet au travail, avant de devenir conservateur du musée d'Unterlinden.

Un revenant très sollicité

Après l'armistice, Hansi est sollicité par les associations patriotiques et d'anciens combattants pour illustrer des menus et des partitions musicales.

Alsace bienheureuse – mais dont la francisation accuse quelque retard. L'affiche parle, au temps de «l'homme pressé» mis en vedette par Paul Morand, une langue nouvelle et dépouillée ? Déjà, bien avant la guerre, Hansi avait inventé la simplification des formes et l'opposition franche des couleurs.

Les touristes de passage à Colmar ne manquent pas de rendre visite à cette gloire nationale. Des visiteurs illustres font également une halte chez lui, dont une vieille connaissance : le maréchal Pétain, à qui l'imagier a adressé un exemplaire de *Au pied de la montagne Sainte-Odile* (1934). L'homme au képi brodé de feuilles de chêne : une heureuse rencontre qui, plus tard, allait lui sauver la vie – il faillit même le remplacer, après la Seconde Guerre mondiale, à l'Académie française !

Portrait de l'artiste en dessinateur visionnaire

Le pionnier de la « ligne claire »

Finesse du trait, expressivité des scènes, sens du détail et de la couleur : le coup de crayon de Hansi, très en avance sur son temps, préfigure Hergé et les maîtres de la bande dessinée belge.

En 1934, le journaliste Debrix lui rend visite et relate ainsi ses impressions dans *La Vie en Alsace*, la belle revue littéraire et artistique que dirige Claude Odilé (Jean Gentzbourger) :

« Quel diable d'homme ! On connaît bien sa grande silhouette un peu voûtée de patriarche alsacien, son visage de moine rabelaisien et sa mine de grognard : sa lavallière de bohème, son chapeau de paysan à larges bords, son béret qui n'est ni alpin, ni basque, ni quoi que soit d'autre que le béret "Hansi" ; et sa canne qu'il porte parfois comme un fusil ; et son crayon, souvent plus dangereux qu'une mitrailleuse... Mais ce n'est encore là qu'une image de Hansi ; cherchons l'original. Sa villa de Colmar est sur une frontière, entre deux villes et entre deux époques ; d'un côté, la bruyante place du Champ-de-Mars, avec ses cafés, son cinéma, son parc à autos, ses distributeurs d'essence et ses cars Citroën ; de l'autre, une chevauchée silencieuse de toits vétustes, de pignons et de tourelles noirâtres que surplombe l'admirable clocher de la cathédrale colmarienne. L'entrée de la maison : une exposition d'art alsacien. Le salon et la salle à manger : un petit musée (avec un rien de poussière, pour l'authenticité). L'atelier : un magnifique capharnaüm. Cet atelier résume, dans le plus parfait désordre, toute la vie de Hansi : des dessins et des caricatures par centaines ; des aquarelles par mètres carrés ; des bouquins par kilos ; un chat familier cravaté d'une faveur rose ; des villages alsaciens en bois sculpté avec tous leurs habitants, depuis le maire endimanché jusqu'au troupeau d'oies augustes et disciplinées ; des bibelots à faire pâlir d'envie un antiquaire ; des chandails percés à désespérer dix ravaudeuses ; des mégots à faire le bonheur de vingt clochards. »

Un art de la simplicité

Son atelier est dans les campagnes d'Alsace que ce grognard parcourt d'un pas tranquille et dans les rues des villes et villages où il installe son pliant, souvent parmi une nuée d'enfants curieux et fort loquaces dont il boit le babil.

Parce qu'il va à l'essentiel, le trait de Hansi voue son art à l'éternel. Si l'inventeur de la « ligne claire » (ligne épurée, simplifiée) a beaucoup emprunté au folklore, il a mis au point, avec *L'histoire d'Alsace* (1912), la formule magique d'une stylisation adaptée au public le plus large – à commencer par le public enfantin, dont ce conteur né parlait la langue. Parce qu'il ne se sentait pas à l'aise avec les adultes jargonnant ? Pour la grande cause de son Alsace française à lui, Hansi a levé pour l'éternité des armées d'enfants joyeusement consentants évoluant dans des paysages habitables à l'échelle humaine et conçu pour eux des images d'une grande lisibilité.

Le précurseur de l'« école belge » de la bande dessinée

Selon l'historien Georges Bischoff, la technique picturale utilisée par Hansi annonce la bande dessinée de ce qu'on appelle « l'école belge », illustrée à partir de 1929 par Hergé (qui doit beaucoup à Benjamin Rabier), par Jacobs ou par Jacques Martin : « Ses caractères sont les suivants : une image très lisible dont les contours sont délimités par un cerne et dont les couleurs se répartissent par à-plats, en utilisant une gamme réduite. Cette simplification supprime l'effet de perspective aérienne rendue par les dégradés de l'aquarelle ou de la peinture à l'huile et le rend tributaire de la ligne. Le modelé est suggéré par le dessin ou, plus rarement, par des traits ou des hachures. En

« L'atelier de l'artiste est un magnifique capharnaüm. Cet atelier résume, dans le plus parfait désordre, toute la vie de Hansi : des dessins et des caricatures par centaines ; des aquarelles par mètres carrés ; (…) des villages alsaciens en bois sculpté avec tous leurs habitants ; des bibelots à faire pâlir un antiquaire ; des chandails percés à désespérer dix ravaudeuses ; des mégots à faire le bonheur de vingt clochards. » (M. Debrix)

Aquarelle (1944) représentant le village d'Eguisheim, sur la page de garde d'un exemplaire de *L'histoire d'Alsace*.

opérant de la sorte, Hansi propose une figuration un peu naïve et dépourvue d'aspérités. Il rejoint l'inspiration des imagiers de Wissembourg ou d'Epinal. »

S'il puise une part de son inspiration dans les soldats de papier imprimés à Epinal, Hansi bénéficie aussi des avancées de son temps, notamment celles de l'impression en quadrichromie, et de l'émergence d'un public d'enfants parfaitement « ciblé » par des créateurs comme Benjamin Rabier, le père du canard Gédéon, qui l'ont précédé de peu.

En homme du livre accompli, Hansi harmonise jusqu'au perfectionnisme le délicat rapport du texte et de l'image dans un constant souci de pertinence. Le passionné d'héraldique a recours aux lettrines, aux frontispices, aux encadrements pour composer des successions d'images quasi cinématographiques – les premières projections du cinématographe des frères Lumière ont eu lieu en décembre 1895.

Au carrefour des arts, des traditions et des savoir-faire, Hansi opère sa synthèse personnelle des XIXe et XXe siècles : arrivé à une époque où les créateurs devenaient responsables de chaque élément d'une composition destinée à la reproduction mécanique, il inscrit la maîtrise de son art et de l'impression dans cette période féconde (1890-1914) où les arts graphiques évoluent vers le graphisme.

Hansi, serait-ce ainsi l'art réduit à son plus simple alphabet ?

Sérénité d'après-guerre

Fin 1918, Hansi, en militaire, pose dans son atelier de Colmar au côté d'une aquarelle inachevée figurant une jeune Alsacienne avec la coiffe traditionnelle. Cette photographie montre un Hansi le visage empreint de sérénité.

L'accomplissement de l'homme du livre

Confronté à l'inéluctable reflux de sa popularité après son apogée de 1918, le Hansi d'après-guerre remet ses pas dans ceux de l'aquarelliste d'autrefois et se retrouve sereinement rendu à lui-même – et à sa source d'inspiration principale, son Alsace dont il célèbre la beauté, dont il capte l'âme et dont il valorise le patrimoine inestimable dans *Colmar en France* (1923), *L'Alsace* (1928), *Les clochers dans les vignes* (1929), *Au pied de la montagne Sainte-Odile* (1934) ; et, à l'attention des enfants, avec la complicité de Victor Huen, *La merveilleuse histoire du bon saint Florentin d'Alsace* (1925). Ce dernier album semble un ouvrage de circonstance, commis dans la perspective de la création de «L'œuvre du prix du français en Alsace» par la marchande d'art oriental Florine Ebstein-Langweil, Parisienne originaire de Wintzenheim, aux portes de Colmar. Chaque année, la distribution de ce prix, autour du 14 juillet, vaut à l'Alsace les honneurs de la grande presse nationale. Hansi renonce à ses droits d'auteur sur tous ses livres distribués – et dûment dédicacés. Sa contribution au prix est une façon de résister cette fois-ci aux menées autonomistes antifrançaises, souvent pro-allemandes, qui favorisaient la tâche des pangermanistes toujours actifs.

Une imagerie d'Epinal allégée et modernisée

Dans la grande tradition des imagiers, Hansi réalise en 1925, en collaboration avec Victor Huen, *La merveilleuse histoire du bon saint Florentin d'Alsace*. Les deux artistes y laissent une grande place à l'illustration. L'action se déroule au XIIIe siècle et met en scène un bon ermite, saint Florentin, le bûcheron Théobald et ses enfants Yerri et Lisel. L'historien Georges Bischoff considère qu'avec cet ouvrage, Hansi atteint l'apogée de son art, s'inscrivant parmi les maîtres ès livres pour enfants de son temps et comme l'un des créateurs de la «ligne claire», chère à Hergé.
Ces images sont extraites de l'ouvrage : la schlitte (ci-dessus) et saint Florentin (ci-contre).

La trilogie des livres d'art sur le patrimoine alsacien

Hansi réalise après 1918 trois livres d'art qui connaîtront un succès rapide: *Colmar en France* (1 550 exemplaires, 1923), *Les clochers dans les vignes* (1 600 exemplaires, 1929), *Au pied de la montagne Sainte-Odile* (1 260 exemplaires, 1934). Les trois seront édités par Floury, à Paris. Ils célèbrent l'Alsace, son patrimoine architectural et ses paysages. De facture soignée, élégamment mis en page, ils sont enrichis de très nombreuses aquarelles et de dessins à la plume.

Dans ces albums d'entre les deux guerres, l'imagier et le conteur marient leur talent pour le meilleur, combinant l'anecdote au paysage et l'humour à la poésie des verts paradis enfantins. Dans ces Années folles qui courent à toutes jambes vers toutes les ivresses et des plaisirs sans fin, un Hansi mûrissant se réalise au service du patrimoine de cette Alsace qu'il a au cœur. Plus que jamais, c'est un homme du livre, soucieux de la qualité de la mise en page de ses albums et de la lisibilité de ses images, qui se révèle. Ce perfectionniste est particulièrement attentif au travail de l'imprimeur – celui de Floury à Paris et de Jess à Colmar.

Mais ces ouvrages de maturité, qui représentent un accomplissement indéniable et un sommet dans son œuvre imprimée, sont bien loin de connaître les tirages et la grande vogue des œuvres de l'impétueux satiriste d'avant-guerre.

Les derniers traits du satiriste

Le satiriste précisément reprend du service, dans un climat tendu, avec *Le voyage d'Erika en Alsace française* (1921). Dans cette satire des Alsaciens expulsés en Allemagne vue par une Allemande, il retrouve la famille de l'ineffable Doktor Knatschké, en l'occurrence sa fille Erika, expulsée d'Alsace en 1918.

Quand Maurice Barrès appelle, en 1919, les jeunes de France et d'Allemagne à s'unir et à considérer le Rhin non comme une barrière où il faut monter la garde, mais comme «l'axe d'une Europe en paix», le lucide et visionnaire Hansi, lui, ne baisse pas la garde: il sait que l'Allemagne n'a pas pris conscience de l'étendue de sa responsabilité dans cette première boucherie mondiale et n'a pas abandonné ses prétentions sur l'Alsace-Lorraine dans une Europe déjà amnésique, et comme tétanisée par la «terreur irraisonnée du communisme». C'est la conclusion du livre *A travers les lignes ennemies* (Payot), qu'il cosigne en 1922 avec Ernest

Hansi au travail, avec son ami Robert Perreau, à Sainte-Croix-en-Plaine (au sud de Colmar). Toute sa vie, il s'attache à restituer la couleur de ses chères Vosges et à trouver les accents qui en traduisent l'apaisante réalité.

La couleur magique des Vosges

La première eau-forte de Hansi en couleurs, *Une chaumière à Labaroche*, est exposée au Salon de Paris en 1908. C'est sur le plateau de Labaroche (l'altitude de son territoire varie entre cinq cents et neuf cents mètres) que le lutteur viendra se reposer de ses premiers albums de combat de l'époque héroïque (1907-1918). De la montagne du grand ou du petit Hohnack, sa vue embrasse un des plus beaux paysages d'Alsace, que le peintre Kreyder lui avait fait découvrir dans sa jeunesse.

Jusqu'alors, ses tirages étaient en noir ou en sépia. Fort de ses succès humoristiques, Hansi se donne les moyens d'une grande ambition : rendre l'âme et la beauté de son Alsace en couleurs. Sa prédilection va vers les scènes de rue, animées par les humbles – la rue qui autorise ces perspectives de colombages, de toits, de pignons roses ou ocre et de costumes – et vers les paysages de montagne, où des fermes isolées sont comme posées au milieu des champs de fourrage.

Il se consacre au perfectionnement de ses gravures et de ses eaux-fortes et s'attache à rendre le vert tendre d'un vallon, la couleur chaude des habitations d'un village ou le vert sédatif des Vosges. Au cours de ses promenades nocturnes, le passant inspiré de Colmar saisit comme personne avant lui les maisons éclairées par la lune ou les becs de gaz, pointant leur toit vers un ciel bleu de Prusse adouci de blanc, qui donne ce velouté à ses peintures. De même, il s'applique à restituer avec une maîtrise accrue la splendeur des ciels étoilés de ses nuits d'été de promeneur solitaire et l'éclat des paysages écrasés de soleil que ce grand marcheur arpente goulûment.

Symphonies de couleurs

Outre ses symphonies en bleu majeur, Hansi apprend à travailler ses couleurs en oppositions chromatiques, afin de rendre son Alsace aussi lisible que palpable. Toute sa vie, Hansi s'attache à rendre la couleur de ses chères Vosges et à trouver les accents qui en traduiront l'apaisante réalité.

Son ami Robert Perreau l'a vu travailler à maintes reprises et donne un aperçu de sa technique : « La palette de Hansi était, depuis 1930, particulièrement riche en cadmium (un métal mou, d'un blanc bleuâtre, employé en alliages qui donnent des pigments pour la peinture fine). Il utilisait le cadmium clair, le cadmium moyen, le cadmium foncé, le rouge de cadmium orange et le vert de cadmium, une couleur désagréable à employer, grumeleuse, séchant sur la palette, mais « indispensable » – disait-il – et solide à la lumière. Autour de ces couleurs indispensables il disposait encore de chrome clair, de brun madère, de cendre verte, de cobalt et d'outremer foncé. (...) Le paysage d'Orbey se caractérise par des prés, des champs de fourrages, aussi bien aux premiers plans que dans tous les lointains. Les sommets des montagnes proches et lointaines sont boisés, quelques

La leçon d'aquarelle de Hansi

Hansi explique sa technique de l'aquarelle, à partir d'une peinture de 1937 *(Ferme à Orbey)*. Il montre sur un calque les compositions de couleurs utilisées.

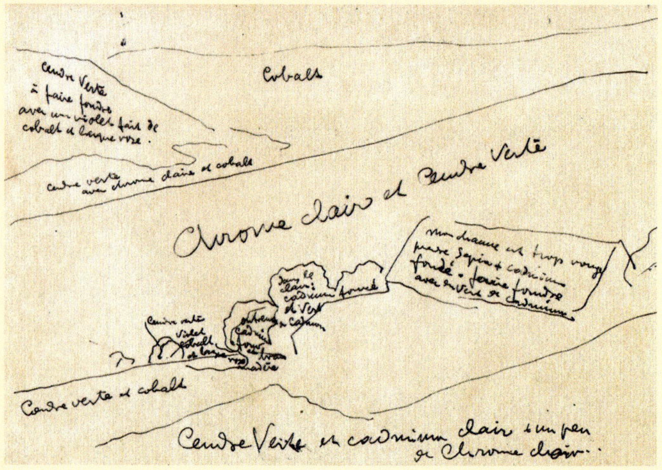

arbres émergent par endroits, de sorte que tout est vert mais des verts très différents les uns des autres. S'agissait-il de verts clairs, de prés au soleil, Hansi utilisait le chrome clair et de la cendre verte. Un peu de cadmium clair rendait le vert plus chaud. Avec du cobalt, il obtenait le vert bleuté des prés dans l'ombre. Pour les verts foncés il mélangeait, suivant l'intensité, le cadmium clair, ou moyen, ou foncé, avec du vert de cadmium. Pour obtenir un vert plus foncé, il ajoutait de l'outremer foncé et parfois une pointe de rouge ou de brun madère (…) Ce qui constitue l'intérêt des aquarelles que Hansi a consacrées au plateau de Labaroche et au Val d'Orbey et en général à toutes celles faites ailleurs dans les Vosges, c'est la réussite dans la conjugaison du vert. C'est aussi l'excellent dosage des tonalités et des valeurs dans les différents plans de montagnes exprimant fidèlement l'impression d'éloignement, le vide et l'immensité des espaces quand la chaîne se creuse pour faire place à des vallées. »

L'Oncle Hansi a rendu aux Alsaciens, en de mélodieuses aquarelles, la couleur de leurs Vosges – et un horizon de beauté, entre ville et montagne.

La palette de couleurs : simplicité et rigueur

Accompagnée de commentaires et de recommandations de Hansi, cette palette de couleurs nous introduit dans les secrets de fabrication de l'artiste. On notera cette remarque : « Peindre avec beaucoup d'eau et de gros pinceaux. »

Quatre vues des Vosges. De gauche à droite : *Schiessrothried, vallée de Munster* (aquarelle, 1906) ; *Ramstein, Val de Villé* (eau-forte et aquatinte, 1909) ; *Le Schmeltzwasen, Munster* (aquarelle, 1907) ; *Chapelle à Zimmerbach* (aquarelle, 1906).

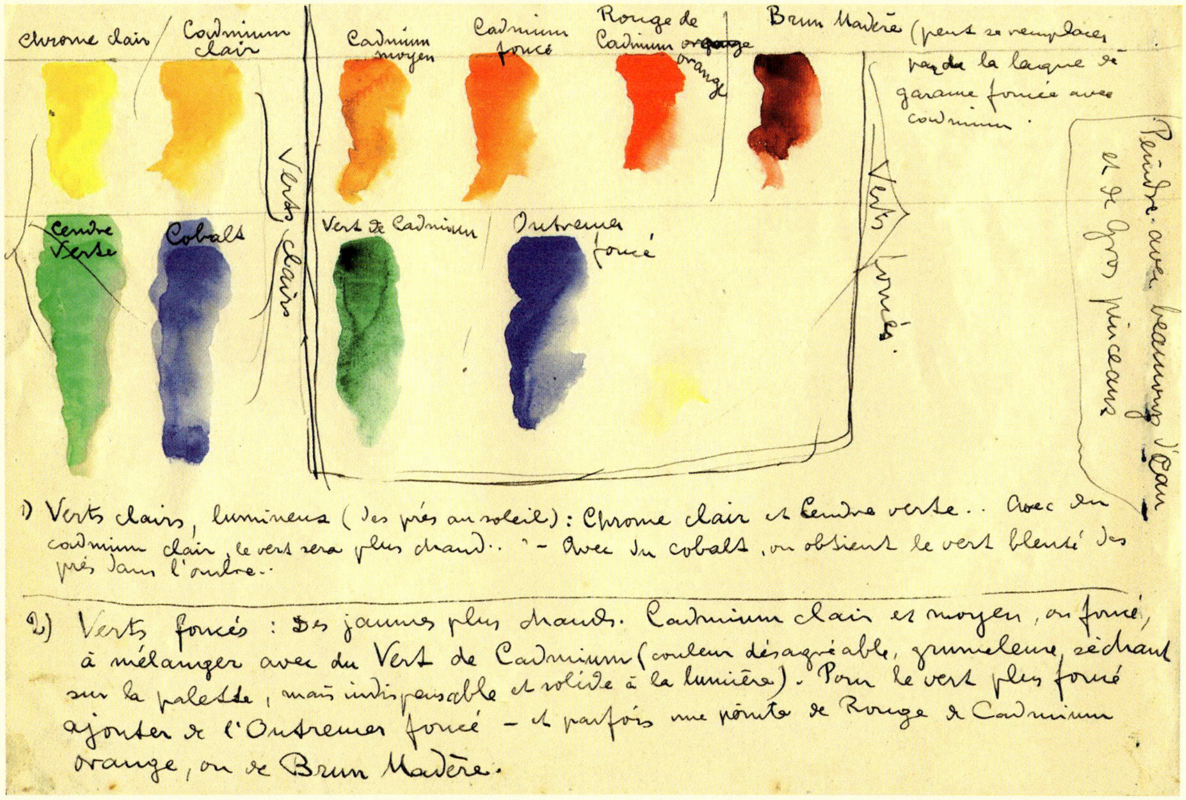

Tonnelat: «Et aujourd'hui, nous avons en face de nous une Allemagne hautaine qui se refuse à réparer, parce qu'elle ignore encore l'étendue des crimes qu'on lui a fait commettre... Bien des déceptions de l'heure présente résultent de cette erreur.»

La suite des événements donnera hélas raison à celui qui redoutait que son après-guerre bien mérité ne fût qu'un entre-deux-guerres.

Le malaise alsacien

Les motifs d'inquiétude ne manquent pas pour le héraut de l'Alsace française: tandis que l'institution, en 1919, d'un très controversé haut-commissariat chargé d'administrer les deux départements du Rhin et celui de la Moselle redevenus français les isole davantage qu'il ne les inclut, certains milieux régionalistes refusent «l'assimilation française», prônent l'autonomie et créent en 1925 l'hebdomadaire autonomiste *Die Zukunft* (L'Avenir), dont la ligne antifrançaise rencontre un grand succès populaire. Aux élections législatives de 1928, onze députés autonomistes (sur seize sièges) sont élus. Aux élections municipales de 1929, la liste autonomiste remporte la mairie de Colmar, avant d'être battue, aux élections suivantes (1935), par la liste socialiste d'Edouard Richard.

En réaction aux erreurs et maladresses de l'administration française en Alsace, qui combat par jacobinisme laïc les particularismes

Réagir au danger autonomiste

Dans ce dessin à la plume de 1935, intitulé *Le porte-drapeau*, Hansi dénonce le danger d'un autonomisme qui conduirait l'Alsace à sa perte. Ce jeune militant de l'Union populaire républicaine (parti catholique alsacien aux tendances quasi autonomistes) porte haut une bannière rouge et blanche ornée du casque à pointe.

Pour en finir avec le «malaise alsacien»

En 1931 se tenait à Paris l'Exposition coloniale. A cette occasion, Hansi rêvait d'une Alsace qui soit traitée comme les autres provinces et qui – contrairement à une colonie – n'ait pas à faire ses preuves. Car les maladresses de l'Etat français à l'égard de l'Alsace étaient ressenties comme autant d'humiliations; les mouvements autonomistes avaient d'ailleurs obtenu des résultats électoraux significatifs en 1928. Hansi tenta de réagir par la caricature, comme dans ce dessin de 1933, où il installe l'Alsace et la Lorraine dans un «pavillon de Malaisie», tenu et exploité par d'inquiétants autonomistes, profitant des bévues de l'administration parisienne.

locaux (dialecte à l'école, régime des cultes), Hansi publie en 1935 une brochure, *La fresque de Geispolsheim et autres balivernes*, qui reprend un conte chinois paru dans *Le Cri de Paris* en 1919: le haut-commissaire y est mis en scène en mandarin installé dans un palais somptueux et recevant comme un chef d'Etat. L'Alsace et la Lorraine sont représentées par deux petites filles en costume traditionnel, contemplant la France dont elles sont séparées par une clôture de fil barbelé, poussées par leurs précepteurs, le haut-commissaire en uniforme et un chanoine allemand, et se désolant de ne pouvoir participer à la ronde des provinces françaises autour de la belle Marianne: «Quand donc nous laissera-t-on jouer avec les autres?»

Dans *Le voyage d'Erika en Alsace française*, Hansi fait dire à Erika Knatschké, à propos de la cour du haut-commissaire: «Mais quel ne fut pas mon étonnement de voir que c'étaient précisément les mêmes notables auxquels nous avions octroyé avant la guerre des décorations de l'Aigle rouge et des titres de conseiller de commerce ordinaire ou secret! Le Statthalter français, avec son entourage, me rappelait vivement un ancien Statthalter allemand, notre vieux Feldmaréchal von Manteuffel (...) Nous ne pouvons que souhaiter que le Statthalter français conduise aussi bien que son prédécesseur le char d'Alsace-Lorraine dans le fossé.»

Hansi dénonce la collusion entre les Alsaciens expulsés en Allemagne et les autonomistes. Il voit toujours son vieil ennemi, le pangermanisme, à l'œuvre de l'autre côté du Rhin – et infester l'Alsace. Il le voit regagner une vitalité et une virulence nouvelles avec la montée du parti national-socialiste. Mais, dans l'euphorie de cet entre-deux-guerres grisé de plaisirs qui danse sur les millions de morts de la Grande Guerre fauchés pour rien, l'Oncle Hansi ne bénéficie plus des tirages ni des ventes de ses ouvrages de propagande – et pas davantage de ses réseaux d'avant-guerre.

Hansi l'historien

Les enfants des Années folles découvrent sur les étalages de Noël 1925 un livre aux allures de grimoire ancien, qui rappelle à leurs parents *L'histoire d'Alsace*. Ce nouvel album leur conte l'édifiante histoire de saint Florentin, l'ermite de la forêt de Haslach qui, au XIIIe siècle, entreprend sur son âne Patapouf, à la demande de Blanche de Castille, un long et périlleux périple jusqu'à Paris pour guérir le roi Louis IX. Bien entendu, des enfants sont du voyage: Yerri et Lisel, voisins de l'ermitage.

Hansi doit à son père une bonne part de son érudition et de sa rigueur d'historien: *L'histoire d'Alsace* et *La merveilleuse histoire du bon saint Florentin d'Alsace* révèlent une extraordinaire connaissance des décors du temps passé et un talent de reconstitution indéniable. Le *Saint Florentin*, dénué de toute charge patriotique, est l'album de l'apaisement.

Comme le déplore Hansi dans une lettre à Robert Perreau, «celui de mes albums que je préfère, c'est le *Saint Florentin*. Personne ne le connaît. Il a paru et disparu en quelques semaines et c'était fini. Et pourtant, quand je pense aux recherches que j'ai dû faire, à l'époque, sur le Paris du Moyen Age...»

Son talent passe au crible chaque détail d'architecture et s'attarde sur des inscriptions. L'héraldique enrichit les images et les lettrines de l'album – l'artiste a puisé à bonne source, dans le carnet de croquis héraldiques de son père. Jean-Jacques aurait-il vécu toute sa vie sous l'in-

Le réveil du pangermanisme

Dans *Le voyage d'Erika en Alsace française*, Hansi dénonce dès 1921 la collusion entre les Allemands d'Alsace expulsés outre-Rhin en 1918 et les autonomistes locaux. Il accuse le pangermanisme, toujours à l'œuvre de l'autre côté du Rhin, «d'infester l'Alsace». Il le voit, de façon prémonitoire, regagner une vitalité nouvelle avec la montée du parti national-socialiste, qu'il dénoncera bien avant tout le monde.

Dans la plupart des ses œuvres, Hansi met en scène avec justesse et sensibilité son cher terroir alsacien. C'est ce qui explique son immense popularité en Alsace.

Illhaeusern, la nuit (1929). Eau-forte et aquatinte.

fluence et dans l'admiration de son père ? Pour la réalisation de ses albums, il sait aussi bien s'entourer : son ami Léon Stein lui fournit les modèles des costumes et le rigoureux peintre militaire Victor Huen exécute des dessins plus « sérieux ».

Le testament spirituel de l'ermite du Moyen Age (dont les traits ne sont pas sans rappeler ceux du père tant adulé, André Waltz) véhicule un message d'une brûlante actualité en 1925 :

« Quand les enfants ouvrirent la porte, ils virent saint Florentin, étendu sur sa couchette, blanc comme de la cire, les mains jointes, les yeux fermés. Autour de sa tête rayonnait une lumière douce, surnaturelle et dans tous les coins, sur la tablette, sur l'escabeau étaient blottis immobiles et très tristes des écureuils, de petites souris, des oiseaux. Lorsqu'il entendit la porte tourner sur ses gonds, saint Florentin ouvrit les yeux, leva la main pour bénir les deux enfants. Alors ils s'approchèrent et d'une voix faible et lointaine il leur dit ceci : "Soyez toujours bons pour les pauvres, les humbles, les malheureux. Aimez la France plus que tout au monde et jamais pour aucune raison ne faites quoi que ce soit qui puisse faire du mal à la France." »

Une fois encore, l'ancien cancre du lycée impérial de *Colmar in Elsass* revisite allègrement l'histoire : c'est l'Alsace qui vient au secours de la France.

Un artiste populaire

Toute sa vie, Hansi s'est déclaré imagier populaire – simplement populaire. L'un de ses grands secrets de fabrication, c'est son amour authentique des objets modestes de la vie humble et de l'art populaire : au temps de sa jeunesse, celui-ci était relégué dans les campagnes reculées, voire au rebut.

Les peintres et faiseurs populaires étaient voués à l'anonymat et l'effacement derrière leurs œuvres ; ils revendiquaient davantage une activité d'artisan de campagne, de faiseur (ils mentionnaient souvent « fait par... pour le compte de... ») que de « créateur d'art décoratif ». Leurs créations étaient des objets utilitaires, généralement agrémentés d'un décor naïf, qui requéraient une grande simplicité d'inspiration et d'exécution, aux antipodes du raffinement des arts somptuaires réservés à un tout autre public d'usagers.

Séduit par la fraîcheur et la spontanéité de ces compositions, Hansi fait, dans ses images, un usage immodéré de motifs ornementaux (déroulement de frises, de guirlandes, de galons fleuris, etc.) emprunté au folklore – qu'il s'agisse du décor polychrome des armoires rustiques, des coffrets de courtoisie ou des faïences. Dans *Le paradis tricolore*, il encadre ses images de fleurs, de cœurs ou de bouquets sur le modèle des « souhaits de baptême » qui exaltent les valeurs régionales dont il se réclame.

La petite fille et le piou-piou (1917). Une des icônes de l'art populaire de Hansi, au cœur d'un décor à la fois réaliste et émouvant.

L'imagination des artisans d'autrefois était un continent que Hansi explore avec délectation au cours de ses promenades du nord au sud de l'Alsace. Il recense et dessine les chefs-d'œuvre de l'art populaire : emblèmes des corporations, poteaux d'angle de maisons de vignerons, blasons sculptés, girouettes, gargouilles et bouches d'eau, verrous de fûts sculptés dans des caves et même des croix tombales en fer forgé, au cimetière du Mont-des-Oliviers à Obernai.

Une Alsace de carte postale...

A la fin du XIXe siècle, les promenades inspirées du jeune Jean-Jacques Waltz dans sa ville de Colmar et sa petite patrie dont il cherche à recueillir l'âme rencontrent un nouveau support : la carte postale. Venue d'Autriche et d'Allemagne, elle fait son apparition en Alsace à l'occasion de l'Exposition de 1895 à Strasbourg, où l'imprimeur Julius Manias, venu de Kehl, fonde une maison spécialisée dans l'édition et la reproduction de cartes postales vouée, grâce à l'offset (un procédé révolutionnaire d'impression à plat qui remplace la lithographie) à une prospérité quasi planétaire.

Les débuts artistiques du jeune Waltz coïncident avec ceux de cette nouvelle industrie : elle et lui sont appelés à prospérer ensemble, pour le plus grand bonheur des cartophiles. En 1897, il publie chez l'éditeur Sailé sa première vraie carte postale, *Colmar et sa plaine*, puis illustre d'innombrables cartes pour des expositions, des fêtes et des ventes à Colmar.

Le XIXe siècle finissant consacre le culte du corps, dans le sillage d'Edmond Desbonnet, l'inventeur de la « culture physique », et encourage des activités physiques de plein air comme la bicyclette. Le sport est l'objet d'un engouement grandissant et les clubs cyclistes font leur apparition. Colmar en compte trois en 1899 (le Fidélio, la Céléritas et le Vélo-Club). Jean-Jacques Waltz multiplie les travaux de commande pour des sociétés culturelles et sportives – et les expéditions à bicyclette (ou en train) en Basse et Haute-Alsace. Désormais, il fait connaître ses vues aquarellées de villages par la carte postale, à l'occasion notamment d'une commande de l'association des hôteliers et restaurateurs des Hautes-Vosges (1905).

Pendant que le futur bretteur aiguise ses crayons, *La Chronique d'Alsace-Lorraine* de 1908 salue de façon fort encourageante ses œuvres : « Le sympathique artiste colmarien continue en ces deux nouvelles séries de cartes postales à mettre à la portée de tous les paysages et les monuments d'Alsace. Il en donne des impressions lumineuses et colorées qui joignent à la ressemblance des sites le charme d'une vision vraiment artistique. »

Ce « sympathique artiste » vient de rencontrer son premier support industriel pour diffuser son art puisé à la bonne source – un art sans cesse reconquis sur le terrain et au contact de ses chères gens d'Alsace.

La ville de Colmar vue des jardins de la Semm (1921). Eau-forte tirée à mille deux cents exemplaires. Hansi était un artiste très pointilleux quant à la qualité de ses reproductions ; il exigeait de multiples essais, notamment pour la teinte des gravures.

Des cartes par milliers

Des quantités considérables de cartes postales furent imprimées à partir des aquarelles de Hansi. Cela assura une large diffusion de ses œuvres, ainsi que des revenus réguliers. Fermes vosgiennes, cigognes, petits Alsaciens ou vues de villes constituèrent les sources d'inspiration de l'artiste, qui découvrit là les vertus de la reproduction industrielle.

J. J. WALTZ - (HANSI) - La place du Marché à Ribeauvillé, Alsace.
The market-place at Ribeauvillé.
HANSI — Lorraine (d'après l'estampe).
Lorraine (from the etching).
HANSI
ROSHEIM
DAGSBURG

Un artiste de l'élégance et de la minutie

L'enseigne de l'auberge de la Pomme d'or et *Le grand nid de cigogne sur l'ancienne boucherie,* deux dessins réalisés à Obernai pour l'album *Au pied de la montagne Sainte-Odile* (1934). L'ouvrage contient cent trente dessins à l'encre de Chine. On reste saisi par la minutie du travail (sens de l'observation, qualité de la restitution).

De cette moisson campagnarde, il fait un inventaire pittoresque du monde artisanal d'antan qui nourrit sa création. Sa sincérité fait la justesse de son trait et sa popularité. Hansi parle le langage le plus compréhensible qui soit et le plus compris en son temps : celui de la beauté simple à la portée de tous.

L'esprit de terroir

En 1936, Hansi est au sommet de son art. Il consacre dans *L'Illustration* un article à « L'art populaire en Alsace » : « Il y a un demi-siècle encore, cet art était méprisé par les collectionneurs et jugé indigne des musées provinciaux. Ces musées préféraient acquérir le grand tableau qui avait valu un prix de Rome au boursier départemental ou quelque ennuyeuse composition historique d'un peintre médaillé bien oublié aujourd'hui ; cependant que, pour une infime partie de cette dépense, on aurait pu sauver de la perte quantité de meubles, d'enseignes, de poêles de faïence et tant de petites œuvres d'art curieuses, naïves, charmantes et riches d'enseignement pour l'étude de l'art régional. »

Au temps des jeunes années de Hansi, trois Alsaciens sur cinq vivent à la campagne. Mais l'exode rural s'accentue vers les villes pourvoyeuses d'emplois. Les viticulteurs se remettent à peine de la crise du phylloxéra et la vie au village est âpre, même si elle demeure chaleureuse, rythmée et colorée par l'alternance des saisons et des fêtes rurales.

Le naturalisme de Zola trouve ses disciples en province, parmi des écrivains attachés à leurs racines, qui consacrent à leur environnement terrien des descriptions minutieuses, que les journaux de la capitale mettent au goût du jour. La littérature, au temps de la jeunesse de Hansi, retourne à la terre. Eugène Le Roy célèbre son Périgord natal dans *Jacquou le croquant* et Jules Renard décrit sa Nièvre dans *Poil de carotte*, Paul Arène chante les Maures, René Boylesve sa Touraine et Anatole Le Braz sa Bretagne. Quant à René Bazin, s'il célèbre sa chère Vendée, il a aussi l'Alsace au cœur et s'y fait des amis, lors de ses séjours qu'il effectue pour la documentation de son roman *Les Oberlé* (1901), qui deviendra l'un des plus grands succès de l'édition française.

Hansi avait d'illustres prédécesseurs : Charles Spindler et Anselme Laugel qui, dans les années 1890, parcouraient les campagnes avec leur appareil photo Steinheil pour saisir quelque chose de la vérité du terroir et de la vie des humbles. En 1907, ils avaient contribué à créer, avec le parrainage de Frédéric Mistral, le Musée alsacien de Strasbourg.

Sur leurs traces, Hansi observe le travail des humbles faiseurs des campagnes. Le jeune dessinateur industriel perçoit ces liens subtils entre son métier et ce savoir-faire séculaire et les met à l'œuvre en de subtiles fulgurances créatives.

Jean-Jacques Waltz pressent ces correspondances entre une province et l'art qu'elle suscite. Sa vocation, c'est d'abord celle d'une région et de son histoire.

Albrecht Dürer (qui vénérait Martin Schongauer et que Hansi admirait) écrivait : « En vérité l'art est dans la nature. Il est à celui qui sait l'en extraire. » Hansi a su exprimer tout le suc et l'esprit du terroir qui l'a vu naître, il a saisi avec une simplicité et une fraîcheur de teinte de bon aloi ses couleurs et sa lumière.

Depuis ma fenêtre...

L'atelier de Hansi est situé au 9 boulevard du Champ-de-Mars à Colmar, dans une maison achetée en 1919. Hansi couve du regard la collégiale Saint-Martin et les toits de la ville. Toute sa joie de vivre au cœur d'une ville et d'une région chéries plus que tout transparaît dans cette image paisible et lumineuse. Le bonheur selon Hansi est simple, communicatif.

La cigogne fait le tour du monde!

Avec la cigogne des Potasses d'Alsace, Hansi réalise son dessin publicitaire le plus célèbre (vers 1930), qu'on retrouve notamment sur des plaques émaillées. Ces plaques – et de nombreux produits dérivés – étaient apposées chez des distributeurs disséminés dans toute la France, et dans l'ensemble du monde colonial. C'est aujourd'hui une pièce de collection parmi les plus prisées dans l'abondante production de Hansi.

Hansi le publiciste

De la réclame aux étiquettes de vin

Dans cet étincelant entre-deux-guerres voué à tous les appétits, le talent protéiforme de Hansi s'illustre avec bonheur sur tous les supports : étiquettes de vin d'Alsace ou de productions gastronomiques en tous genres, dont les conserves de foie gras Fincker, les affiches de la Société des chemins de fer d'Alsace et de Lorraine (1921), etc.

Dans les Années folles, qui sont des années pub (Marcel Bleustein-Blanchet crée l'agence Publicis en 1927), la Société commerciale des potasses d'Alsace, sise dans l'industrieuse ville de Mulhouse, permet à ce quinquagénaire de donner toute sa mesure et de marteler inlassablement son message. Sa cigogne rouge et blanche dans un ovale bleu de France (1925), conçue comme une enseigne, voyage partout dans le monde, et dans le temps : sur la toile des sacs, sur les plaques émaillées, dans le calendrier des potasses d'Alsace (1928 et 1929, 1932 à 1940, 1946 à 1952), tiré à plus de cent mille exemplaires pour porter haut et loin son Alsace. Elle cimente l'activité et l'unité d'une région revenue dans le giron de la France. Pendant les années d'Annexion (1870-1918), la cigogne symbolisait la fidélité au terroir – et celle d'une Alsace résistant à l'administration prussienne.

La maison A. Lafumas propose à sa clientèle une nouvelle boisson : « L'Eliozo Hansi » !

Pendant la Grande Guerre, Guynemer la fait représenter sur ses avions de chasse. Hansi la consacre en vedette incontestée de l'imagerie nationale et commerciale. Tout ce qu'il touche (albums, enseignes, affiches, etc.) s'éternise : Hansi a le don de s'emparer du plus humble des poncifs pour le camper durablement dans l'esprit de son terroir d'élection et l'ancrer dans la mémoire collective.

Le publiciste Hansi développe sa communication tous azimuts et déplore être victime de sa bonne renommée, qui lui vaut une avalanche de tâches alimentaires : entre une commande pour le brasseur Thédore Bock de Lutterbach, pour la manufacture Steiner de Ribeauvillé ou pour des viticulteurs (sans oublier les menus et fresques pour restaurants à la mode), il manque de temps pour se consacrer à ses travaux personnels et à ses chers paysages d'Alsace. Mais l'homme de communication rend d'inestimables services au vignoble, à la gastronomie et au tourisme alsaciens.

Hansi, ce digne héritier de l'art de la gravure qui s'est épanoui en

L'art de l'enseigne

Hansi est fasciné par les vieilles enseignes conservées au musée d'Unterlinden à Colmar. Il y retrouve une forme d'art populaire qui associe un artiste à un artisan, le ferronnier. Ses techniques en matière d'héraldisme, de caricature et de publicité sont autant d'atouts pour la fabrication d'enseignes. L'imagier laissera ainsi une empreinte durable à Colmar et dans nombre de villages avoisinants.

Esquisse (1932, à gauche) réalisée pour la boucherie des frères Fincker et enseigne, toujours présente rue des Têtes, à Colmar, photographiée par Bernard Schmidlé.

Rhénanie, a peuplé sa bonne ville de Colmar d'irrésistibles enseignes de charcutiers (Zimmerlin, Fincker), de restaurants (Kléber) ou de pharmaciens (Pharmacie du Cygne). De même, la petite ville de Riquewihr s'enorgueillit de trois enseignes signées Hansi : celle des vins Hugel et Preiss-Zimmer ainsi que celle du restaurant de la Couronne.

L'imagier excelle dans cet art populaire par excellence qu'est celui de l'enseigne. Son secret ? Il se met à la place du forgeron qui doit façonner le fer et du passant distrait dont il s'agit d'accrocher le regard. Il stylise le motif en prenant garde de ne pas le surcharger d'ornements inutiles, afin de conférer à l'enseigne toute sa puissance d'évocation, d'abstraction et d'aimantation. Cet artisan, vigilant quant à la qualité d'exécution de ses créations, se montre conscient de la difficulté du travail que lesdites créa-

BERNARD SCHMIDLÉ

Ci-dessous, esquisse (1929) commandée par le vigneron Jean Preiss (aujourd'hui Zimmer). Ci-dessus, l'enseigne, toujours présente à Riquewihr. Elle fut réalisée par le maître ferronnier Greiner.

Esquisse (1927) pour la maison Aux Bottes de sept lieues, à Kaysersberg.

Esquisse (1948) pour la maison Hugel et fils, à Riquewihr. L'enseigne fut réalisée en 1949 par le maître ferronnier Eisenmann.

tions peuvent occasionner à d'autres humbles artisans.

Une illustration du *Professor Knatschké* et sa légende révèlent tout particulièrement l'attachement de Hansi à l'art de l'enseigne : on y voit un aubergiste, juché sur une échelle, fixer un drapeau tricolore à l'enseigne de son établissement, *Au Petit Turenne*, sous les remontrances d'un gendarme allemand, moustachu comme il se doit et coiffé d'un casque à pointe : « Dès que se montre le Herr Gendarm drapeaux et oriflammes sortent... »

Hansi projette la parution d'un ouvrage sur *Les ferronneries alsaciennes, enseignes, girouettes et grilles*, prévu pour être le cinquième volume de sa somme encyclopédique sur *L'art héraldique*. Mais l'âge et la lassitude l'empêcheront de mener ce projet à bien.

Cravate de bouteille (1947) pour les vins Metz Frères, à Ribeauvillé.

Rieslinglied (1934), partition pour chant et piano.

L'ivresse des étiquettes

Dès 1890, l'impression lithographique couleur, utilisée pour les cartes postales, est appliquée aux étiquettes de vin. Dès lors, les viticulteurs alsaciens sollicitent les artistes alsaciens (Spindler, Schnug, Loux, Hansi) pour la composition de leurs étiquettes en couleurs. De 1893 à 1951, Hansi illustre une quarantaine d'étiquettes pour les vins et alcools d'Alsace. Dans la plus grande fantaisie, selon son inspiration débordante et les désirs de ses clients.

Affiche pour le Loden des Vosges (1912).

Calendrier 1938 pour les Potasses d'Alsace. Le vin nouveau, Colmar.

Art moderne s'il en est, la publicité n'a pas laissé Hansi indifférent. Esprit boulimique, curieux de tout, il s'en est donné à cœur joie.

Sous-bock pour les Bières de Colmar.

De gauche à droite : menu du 11 décembre 1909 pour la Société philharmonique de Colmar, dans lequel Hansi met en scène les protagonistes de l'affaire Gneisse. Menu du vingtième anniversaire de la Libération de Strasbourg (1938). Publicité pour les pastilles Wybert (vers 1930). Menu du repas de baptême de Fritz, le petit frère de Hansi, le 9 mars 1890.

Dessin pour une boîte de munster (vers 1935) pour la fromagerie Rentz, à Ostheim.

L'Alsace gourmande à Paris

Projet d'enseigne pour la brasserie Bofinger à Paris (1928). Hansi a doublé le «f» par erreur.

Ultimes épreuves d'artiste

En octobre 1923, André Waltz disparaît. La mort de ce père adulé fait entrer Jean-Jacques dans la paix de l'ancien couvent des Dominicaines, fondé en 1232 et qui, depuis 1852, abrite les collections hétéroclites du musée d'Unterlinden – où les saisies révolutionnaires coexistent avec des dons de notables, des animaux empaillés, des minéraux et moulages. Elle l'inscrit par la force des choses dans la continuité de la passion paternelle.

Conservateur au musée d'Unterlinden

Le paisible flâneur des villes et des champs remplace son géniteur en qualité de conservateur. Il renonce à son indemnité au profit de son ami Léon Stein, qu'il s'adjoint pour un immense chantier de mise en cohérence des collections, et il se lance dans l'acquisition de nouvelles pièces. Le vieux musée se trouve ainsi consacré comme une affaire de famille. En vérité, Jean-Jacques Waltz n'aura jamais quitté le cloître dont, enfant, il reproduisait fébrilement les trésors.

Il fait revenir dès 1919 le chef-d'œuvre mondialement connu de Matthias Grünewald (vers 1475-1528), le grand polyptyque des Antonites d'Issenheim (1511-1516) dit *Retable d'Issenheim*, ainsi que les peintures de Schongauer que les Allemands avaient mises « en sûreté » à Munich.

Détail d'un ex-libris réalisé pour la société Schongauer, vers 1896, d'après un dessin de Martin Schongauer.

Au fil des années, il s'attache à remettre en place les panneaux du retable comme le maître d'Aschaffenburg l'aurait disposé (c'est-à-dire dans un esprit... germanique !) sur l'autel et l'installe dans la chapelle gothique attenante au cloître : « Parmi les nombreux travaux entrepris depuis la libération pour rendre plus beau, plus vivant le vieux Musée des Unterlinden, ce travail de reconstitution était un des plus difficiles et des plus utiles », déclare le conservateur Jean-Jacques Waltz dans son rapport d'activité relatif à *La nouvelle présentation du retable d'Issenheim au Musée de Colmar* (1930).

Le coloriste inspiré Waltz retourne à l'école du musée et étudie les procédés de Matthias Grünewald, qu'il compare avec ceux de Schongauer. Il ne fait plus qu'un avec son musée et le remodèle à partir de la chapelle dominicaine et du retable, selon des principes muséo-

Sur les traces de son père

Au décès de son père, en 1923, Hansi est nommé conservateur du musée d'Unterlinden, fonction qu'il exercera à titre bénévole. Il réorganisera la présentation des collections, publiera un catalogue (1925) et aménagera la présentation du *Retable* de Grünewald (1929). A l'époque, les entrées payantes s'élevaient à douze mille par an (plus de deux cent mille de nos jours).

Colmar. Le cloître des Unterlinden (1938). Un lieu cher à Hansi, car son père y a exercé avant lui les fonctions de conservateur du musée.

graphiques en vogue dans le monde germanique, dans la continuité de l'œuvre paternelle.

S'il développe les collections et aménage les salles selon le principe du décor d'ambiance, Hansi n'oublie pas non plus de créer une section d'art populaire régional. Et, en parfait dépositaire des travaux de son père, il réédite chez Floury un guide du musée (1925, 1938 et 1951).

Dans cette continuité-là, la vie paisible de Jean-Jacques Waltz se partage entre ses chers sites vosgiens, son atelier et son musée. Ce célibataire endurci n'a d'autre foyer que celui de son frère Fritz, qui vit dans l'adulation de son aîné, et de sa belle-sœur Blanche que, dit-on, il ne porte guère dans son cœur.

L'inspiration des grands maîtres de la peinture

Afin d'appréhender les techniques picturales des grands maîtres exposés au musée d'Unterlinden, Hansi copie quelques-uns des chefs-d'œuvre du musée, comme cette aquarelle exécutée début 1900 : *Ange de l'Annonciation*, d'après le *Retable d'Orlier* de Martin Schongauer.

Dans le silence d'Unterlinden

Photographie du cloître des Unterlinden à l'époque de Hansi. Au centre trône la statue de Martin Schongauer, artiste qu'admirait Hansi.

Une passion érudite pour l'héraldique

Projet (non retenu) de couverture héraldique pour *Les clochers dans les vignes* (1929).

Le domaine de prédilection de Hansi est l'héraldique, dont les motifs enrichissent les images de *L'histoire d'Alsace* ou des *Clochers dans les vignes*. Son père l'avait initié à l'étude du blason – et à ses disciplines. Il reprend les travaux paternels, notamment un armorial de la noblesse, de la bourgeoisie et des membres du Conseil souverain d'Alsace, qui lui inspire le projet d'un ouvrage sur l'art héraldique.

Cet art, considéré aussi comme une science auxiliaire de l'histoire, lui est d'autant plus cher que son père lui avait sacrifié une bonne partie de son temps de vie. Le fils reconnaissant y consacre un ambitieux ouvrage de référence en trois volumes, qui constitue une somme historique complète et le classe parmi «les savants historiens de l'Alsace» (selon Perreau). Le premier tome est consacré aux *Armes des villes et des communes*, le second aux *Armes des tribus et des corporations* et le troisième aux *Armes des nobles et des bourgeois*. Un quatrième, consacré aux *Armes de la ville de Colmar*, est prévu. Prudent, l'éditeur n'imprime cet ouvrage difficile qu'en fonction des souscriptions recueillies. Le premier volume paraît en 1937. Le second sort des presses en 1938. Durant la guerre, le manuscrit du troisième est caché, avec ses deux cents dessins, dans Nancy occupé.

Onze ans plus tard, Hansi désespéré écrit le 3 juillet 1949 à son ami Robert Perreau : «J'apprends avec stupéfaction que l'ouvrage a été tiré à cinq cent soixante-quinze exemplaires ! Je pense que c'est le nombre de souscripteurs de 1937 et les très nombreux souscripteurs de la troisième livraison ne seront probablement pas servis. Voilà dix années de travail, d'un travail énorme qui vont être enterrées en quelques jours dans la bibliothèque des bibliophiles qui ne coupent pas les pages. Peu de personnes verront le livre. Il représente les frais de voyage aux archives de Zurich, de Bâle, de Strasbourg, de gros frais de port, des correspondances énormes et je toucherai des droits d'auteur sur cinq cent soixante-quinze exemplaires. C'est un désastre ! »

A soixante-seize ans, Hansi, gravement malade, redoute pardessus tout de mourir avant de connaître la parution du troisième volume.

Dessins préparatoires à l'édition de *L'art héraldique en Alsace* (1937). Un nombre considérable de dessins, très précis, fut réalisé par Hansi lors de la préparation de l'ouvrage.

Une des premières réalisations héraldiques de Hansi

Dessin aquarellé (1897) paru dans le recueil de son père, *Mappe zur Chronik des Colmarer Kaufhauses.*

Affiche réalisée pour la Banque de Strasbourg, en 1936. Les communes des succursales sont représentées avec leur blason.

Le 12 juillet 1950, le baron hollandais Gaston de Stalins écrit au « maître Jean-Jacques Waltz, conservateur du musée de Colmar » et l'informe que l'Académie internationale d'héraldique, dont il est le président-fondateur, l'a élu à l'unanimité académicien, sur proposition de l'héraldiste français René Le Juge de Segrais.

Hansi occupe fort théoriquement le fauteuil 44 et, par la force des choses et de son âge avancé, s'en remet à la voie postale pour ses échanges avec ses confrères académiciens.

Exemple de médaille (recto-verso) réalisée par Hansi pour l'Exposition artisanale de Colmar, en 1931.

1942 : Hansi émigre pour la seconde fois

Afin d'échapper aux Allemands et aux collaborateurs qui tentent de l'intimider et qui essaieront de l'assassiner, Hansi émigre en Suisse dans une automobile mise à sa disposition par le maréchal Pétain, le 26 novembre 1942. Il évoque cet exil par une aquarelle peinte sur la page de garde d'un exemplaire de *Mon village*, en remerciement à ses hôtes lausannois, les Trimbach.

D'une guerre à l'autre

La guerre de 1939 surprend Hansi à Labaroche, sur les vertes hauteurs de Colmar, dans l'apaisement et l'amitié de ses paysages vosgiens adorés. Le 4 septembre, il prend le train pour Belfort avec son matériel d'artiste, abandonnant tous ses trésors dans sa maison de Colmar, et entame une seconde vie de proscrit.

Il poursuit son périple en Bourgogne, où une amie l'accueille dans sa propriété de Morey-Saint-Denis, en plein vignoble. C'est là qu'il apprend le suicide, dans une maison de retraite de Nancy, de son ami et collaborateur Victor Huen, qu'il avait encore visité à Colmar durant l'été 1939.

En juin 1940, le sort des armes le contraint à gagner Agen, où les

Le 10 avril 1941, des agents de la Gestapo l'agressent sauvagement dans une rue d'Agen et le laissent pour mort. Il survivra par miracle.

services de la préfecture du Haut-Rhin sont évacués – et où sa présence ne passe pas longtemps inaperçue.

Le 17 novembre 1940, un professeur d'allemand, Edouard Haug, publie dans le journal *Oberrheinische Kulturtage in Strassburg* un article haineux contre Hansi, s'étonnant que les autorités allemandes «le laissent courir librement dans la région non occupée».

Le soir du 10 avril 1941, alors qu'il regagne sa chambre à Agen, Hansi voit trois hommes l'attendre devant son domicile. L'un d'entre eux lui demande du feu, pendant que les deux autres le rouent de coups de gourdin par-derrière. Hansi perd connaissance et est laissé pour mort, tout ensanglanté, sur le trottoir. Il parvient à se réveiller dans le courant de la nuit, à regagner sa chambre et à se faire passer pour mort durant quatre mois en changeant de résidence. Les tueurs avaient été envoyés de Colmar par la Gestapo.

Cette période d'errance se termine le 26 novembre 1942 en Suisse, où il passe dans une automobile mise à sa disposition, sur ordre du maréchal Pétain, par le préfet de Haute-Savoie.

L'arrivée de Hansi chez ses hôtes lausannois, d'origine alsacienne, les Trimbach, le 14 décembre 1942, après une pérégrination de deux années dans le sud de la France.

Hansi en Suisse

Recommandé au capitaine Guillermet, de l'armée suisse, qui dirige le service des étrangers, Hansi gagne Lausanne le 14 décembre 1942. Logé chez Madame Decorvet, au manoir de Pully-Lausanne, à partir de janvier 1943, il se remet à l'ouvrage pour payer sa pension. Il ne sort pratiquement pas pour trouver son inspiration dans les paysages suisses. Mais il travaille d'arrache-pied à reproduire et vendre ses aquarelles d'Alsace. Et il correspond comme il peut, en usant de noms d'emprunt, pour avoir des nouvelles de sa petite patrie alsacienne.

Dans une lettre de janvier 1945 à Robert Perreau, il s'apitoie sur le sort de sa province perdue – alors en proie à des combats acharnés autour de Colmar:

«D'Alsace, on n'a bien entendu aucune nouvelle directe, mais tout ce qu'on apprend est affreusement triste! Quelle déveine! Quelques tonnes d'essence en plus, quelques tonnes d'obus, un peu plus d'infanterie pour soutenir l'avance de

Hansi sur une terrasse d'hôtel à Sion (Suisse), en 1943. Il observe une reproduction de la statue de la Liberté d'Auguste Bartholdi, Colmarien comme lui.

La guerre des affiches

1940 : « Dehors le fatras français ! » clame cette célèbre affiche nazie (ci-contre) qui balaie les œuvres françaises (dont celles de Hansi). Début 1945, Hansi répond par une affiche du même type (« Maintenant, dehors ! ») montrant un char balayant les bourreaux nazis.

Une vigilance intacte

Le « dragon nazi » vit encore dans les ruines de l'Allemagne détruite en 1945. Cette encre de Chine de 1946 exprime l'inquiétude de Hansi face à l'avenir : la « bête immonde » peut toujours revenir. Dessin publié dans la dernière édition du *Professor Knatschké* (1947).

l'armée française et l'on était sur le Rhin ! Maintenant on se bat un peu partout, même à Aubure, à Labaroche. La moindre petite route de montagne est âprement disputée. Hélas, des "Clochers dans les vignes", il ne reste pas grand-chose. Ammerschwihr entièrement démoli, Kaysersberg, Kientzheim, Sigolsheim en un triste état. Je ne sais rien de précis sur Riquewihr, mais comme la petite route passe à une certaine distance, je garde un peu d'espoir. Quelle tristesse ce sera de se promener parmi les pierres calcinées qui avaient été des clochers gothiques, des chapelles, des tours, avec des nids de cigognes. »

Le 23 juin 1945, il revoit Colmar, mais sa maison est vide, inondée et parfaitement inhabitable. Il reste à Lausanne jusqu'en juin 1946, le temps de quelques travaux. La Suisse a sauvé la vie de l'imagier alsacien.

Retour en Alsace

Peu à peu, Hansi retrouve quelques affaires et ses repères. Sa belle-sœur Blanche l'aide à remettre tant bien que mal la maison en état et à reconstituer son atelier. Mais il est à bout de forces. Son cœur est usé, il souffre des séquelles de la tentative d'assassinat perpétrée contre lui et peine à respirer. Il doit renoncer à ses promenades en montagne et, ainsi qu'il le dit lui-même, « se contenter de voir jaunir les arbres du Champ-de-Mars » de sa fenêtre.

Alors qu'il souhaite jeter ses dernières forces dans l'accomplissement de son œuvre, les sollicitations en

La carte de la victoire

Un an avant la libération de sa chère Alsace, fin 1943, Hansi réalise cette carte de vœux pour l'année 1944. Il devra attendre le 2 février 1945 pour pouvoir découper le petit drapeau et le placer sur la tour de la collégiale Saint-Martin de Colmar.

tous genres affluent, ainsi qu'il le déplore dans une lettre à Robert Perreau: «J'ai des jolies idées, j'aimerais produire des choses intéressantes, mais il y a aussi les étiquettes pour le kirsch de la Chaumière, la choucroute, pour le fournisseur de fromage et de beurre, le traminer de Zellenberg. Je regrette la Suisse où il m'était interdit d'accepter des commandes publicitaires, où je pouvais produire des choses intéressantes dans le calme, sans être harcelé et distrait par ces petits travaux qui prennent beaucoup de temps. Il est vrai qu'en Suisse on n'avait pas le souci du ravitaillement!»

Le délicat créateur Jean-Jacques aurait-il été phagocyté par son encombrant double le folkloriste, qui a trop bien su faire feu de tout bois?

Son dernier coup d'archet

Le *Professor Knatschké*, grand classique de la littérature d'avant 1914, avait dépassé les cent mille exemplaires en trois langues. En 1947, Hansi augmente l'édition d'une préface, de chapitres nouveaux, de quelques nouvelles œuvres et d'une conclusion. Le

L'ultime adieu

Hansi fut accompagné à sa dernière demeure le 13 juin 1951, avec le drapeau, la musique et une compagnie du régiment d'infanterie dans lequel il s'était engagé en 1914. Sept mille enfants formaient une haie dans Colmar décorée de milliers de drapeaux cravatés de noir. Ce fut l'ultime adieu à l'homme qui incarna l'indestructible volonté de vivre de l'Alsace française.

« Le soleil luit sur Colmar, les drapeaux flottent aux fenêtres et les Vosges se dressent majestueuses à l'horizon : une belle image comme Hansi l'eût souhaitée. » (Pierre Levaillant, *Le Figaro*)

suppôt du pangermanisme a vieilli, porte la barbe blanche et est devenu hitlérien. Déjà, les mésaventures livresques de son « meilleur ennemi » ont permis au farceur Hansi de prendre son envol et de vivre de son art. A présent, Knatschké assure les vieux jours de l'imagier.

Le septuagénaire exécute une commande de menus héraldiques et se penche sur ses souvenirs d'enfance. Il publie, d'abord en feuilleton dans *L'Alsace* puis en volume, *Madame Bissinger prend un bain*, le premier tome des *Souvenirs d'un annexé récalcitrant* (1950) qui raconte le cérémonial du bain de l'épicière de la Grand'rue vers 1880. Il est suivi d'un autre volume, *Le premier phonographe*, qui relate la vie au lycée impérial de Colmar en 1888.

Dans le même esprit de nostalgie, il projette de consacrer un troisième fascicule à un bal de la Société philharmonique de Colmar. Mais les palpitations cardiaques se font de plus en plus oppressantes, leur fréquence ne lui laisse plus guère de répit et le temps comme l'énergie lui manquent pour faire revivre le facétieux gosse de Colmar qu'il a été dans une Alsace étouffant sous le joug prussien.

Derniers honneurs

Une pluie douce d'honneurs s'abat sur le vieux lutteur épuisé – sans adoucir pour autant ses dernières épreuves. Hansi est élu à l'Académie des Beaux-Arts comme membre correspondant, puis promu commandeur de la Légion d'honneur et décoré par le président du Conseil le 30 septembre 1947. Le conseil municipal de Colmar décide, lors de sa séance du 23 février 1948, de le nommer citoyen d'honneur de la ville – un titre rarement accordé. Enfin, le 26 juin 1949, le Club Vosgien le nomme membre d'honneur.

Hansi connaît à nouveau le succès, mais le fin gourmet se découvre une inappétence de mauvais augure. Des amis lui envoient les premières asperges, des écrevisses, mais rien n'y fait : ce bec fin, ami du grand chroniqueur gastronomique Curnonsky, qui voilà peu se réjouissait encore de faire honneur à un brochet de l'Ill, ne leur trouve aucune saveur : « C'est si triste de n'avoir aucun plaisir à se nourrir, de n'avoir envie de rien. »

Robert Perreau est le témoin privilégié des dernières années de sa vie. Hansi lui adresse une ultime lettre le vendredi 11 mai 1951 : « C'est à peine si je puis terminer ma lettre. Les palpitations aujourd'hui sont plus violentes, plus accélérées que jamais et j'ai passé la journée étendu sur le divan, incapable de toute occupation. Excusez-moi de finir ainsi ma lettre, je n'en puis plus ! »

Le 10 juin 1951 au matin, Robert Perreau le trouve « gisant et suffocant ». Vers 5 heures du soir, Hansi s'éteint. Fidèle à une prédiction faite à des amis, il est mort « le crayon à la main ».

Un siècle de débats passionnés

Du vivant de Hansi

De son vivant, Hansi ne fut guère épargné par la polémique. Dès ses premières publications engagées, le débat faisait rage autour de ses positions antiallemandes et de sa technique imagière.

En juillet 1910, le journal *Gil Blas* présente les œuvres de Hansi dans ses locaux sur le thème «L'Alsace contre l'Allemagne». Le correspondant allemand de la *Strassburger Post* à Paris était alors un Alsacien d'Obernai et de langue allemande, le jeune journaliste René Schickelé, qui, en ce mois de juillet 1910, qualifie ainsi son compatriote : «Je ne parle pas de lui comme d'un artiste, mais d'un agitateur (...) Hansi n'est malheureusement qu'un imitateur de province des gens du *Simplicissimus.* Il dessine comme un peintre en bâtiment (...).»

A propos de la parution du *Professor Knatschké*, l'artiste alsacien Charles Spindler note, entre les deux guerres, dans ses *Mémoires inédits* : «Chose curieuse, en dépit de la tendance antiallemande du livre, les illustrations de Hansi n'ont rien de français ; elles sont aussi lourdes que le personnage du livre et sont inspirées directement pour ne pas dire démarquées du dessinateur Heine du *Simplicissimus.* (...) Le reproche qu'on peut faire à Hansi, c'est de s'être dérobé au devoir incontestable de l'Alsacien de faire le médiateur, d'avoir feint d'ignorer les qualités des Allemands et d'avoir exagéré leurs travers, aux dépens de la vérité. Sous ce rapport, son influence a été néfaste, et elle l'est encore devenue davantage depuis la guerre, car il a voué la même haine aux Alsaciens qui ne sont pas de son avis.» Il s'agit d'un commentaire, non publié, sur les positions de Hansi d'avant 1914.

Depuis la fin de la Grande Guerre, son activité de polémiste n'a plus d'objet et Hansi s'attache surtout à être le peintre et le conteur de sa terre. Mais ses contemporains ignorent le peintre des clochers, des villages et de la montagne, dont les créations peuplent pourtant leur quotidien.

La mort de l'imagier ouvre les vannes de l'ingratitude : «Hansi est mort trente-cinq ans après ses dessins!» déclare péremptoirement en 1951 un journaliste bien oublié depuis. C'est ignorer délibérément l'œuvre du peintre pour ne retenir que la part de son talent qu'il avait mise au service de la résistance alsacienne. A l'aube radieuse des Trente Glorieuses, l'heure est à la réconciliation franco-allemande et les enjeux du moment dépassent sa vision revancharde, ses excès polémiques, son imagerie folklorique ainsi que ses attendrissements et son héroïsme d'un autre temps. Hansi, symbole d'une Alsace française, n'était plus prophète chez lui : pour certains milieux culturels alternatifs et allègement «transgressifs», il est devenu une caricature de l'identité alsacienne et une icône à brûler.

Depuis sa mort

La polémique atteint son apogée dans les très contestataires années 1970, où il était de bon ton de refuser le patriotisme et de faire table rase. On se souvient des spirituelles saillies du grand artiste alsacien mondialement connu Tomi Ungerer : «Hansi n'a vécu que devant un seul horizon, d'un bleu troufionné, stérilisé, désexué, fictionné d'un arc-en-ciel tricolore. (...) Hansi, artiste bourgeois plus petit que grand, se promène pour carte-postaliser une Alsace bonne à rassurer le bourgeois.»

Mais Tomi Ungerer est un enfant terrible de l'Oncle Hansi. Ni l'un, ni l'autre n'ont égaré à la surface de la terre d'insignifiants papiers que plus personne ne ramasse. Si l'Alsace mythique et mythifiée de Hansi, dont l'horloge s'est arrêtée au printemps du monde, indispose Tomi, tous deux ont œuvré à être de cette patrie intérieure dont les frontières, entre l'enfance et l'infini, se sont effacées dans l'espace et le temps. Hansi et Tomi, deux grands Alsaciens dont la conflictuelle fraternité d'armes épuise un débat bien daté : seule leur œuvre fait date dans une commune aventure rhénane.

Tomi Ungerer, le fils rebelle

L'artiste Tomi Ungerer, né en 1931, a passé son enfance à Colmar et a été très marqué par Hansi, même s'il le condamne avec véhémence, pour ses excès patriotiques et un esprit jugé «bourgeois plus petit que grand». L'humour comme le trait de Tomi doivent beaucoup à Hansi, mais la satire sociale y est plus virulente (dessin pour la carte du restaurant L'Arsenal à Strasbourg).

Un dessinateur engagé au centre de débats souvent véhéments. Dessin (détail, 1909) extrait du *Rêve du Professeur Gneisse* (supplément du *Nouvelliste d'Alsace-Lorraine*).

Un art de la simplicité

A l'aube du XXIe siècle, l'Oncle Hansi demeure indéniablement l'Alsacien le plus célèbre de l'Hexagone, voire l'icône de référence en Alsace. Si nul n'est prophète en son pays, Hansi est revenu – en force et en grâce.

Des myriades d'images et d'objets propagent sa vision d'un petit paradis tricolore plus présent que jamais dans l'imaginaire d'une région, d'une nation, voire d'une planète en quête de rafraîchissante simplicité.

Chaque 14 juillet, on s'y croirait presque, dans son Alsace telle qu'il l'a dessinée, dans son monde qu'il voyait s'estomper: allègrement cocardière, pavoisée aux couleurs d'un patriotisme vécu dans la liesse populaire – forcément populaire...

Indéniablement, Hansi n'a pas introduit de «rupture» fondatrice dans l'histoire de l'art: il a su s'inscrire dans une tradition qu'il a rénovée de l'intérieur. Il a su décliner et diffuser, avec une simplicité de bon aloi, des thèmes porteurs et pour le moins attendus par le public de son temps. Dans cet horizon d'attente-là, il a su mettre en images et en situation cette Alsace joyeuse et résistante d'avant-guerre, qui tenait sa vitalité de sa foi revancharde en son génie.

D'une certaine manière, Jean-Jacques Waltz était déjà en son temps un homme du passé: son père lui a légué une culture historique encyclopédique et le goût de ses recherches dans le passé de leur bonne ville de Colmar. Père et fils ont feuilleté ensemble, passionnément, le livre des riches heures de leur ville et de leur province.

C'est fort de cette parfaite connaissance de ce passé fondateur que le jeune dessinateur textile Jean-Jacques Waltz se saisit des modes de son temps, en utilise toutes les ressources, qu'il marie harmonieusement à celles de l'art populaire, donne ses lettres de noblesse aux supports les plus modestes et parfois les plus inattendus (emballages, étiquettes) et s'affirme en rénovateur tranquille d'un art imagier – au demeurant inspiré pour une large part de ce qui se réalisait outre-Rhin à la même époque – qu'il met résolument au service d'une patrie plus rêvée que vécue *de l'intérieur*: sa douce France entrevue lors de ses années de formation lyonnaises et ses séjours à Paris.

La géopolitique et l'histoire ont donné un destin à son œuvre. Un destin qu'il a courageusement revendiqué au nom de sa petite patrie dont les malheurs aiguisaient son trait – et parfois le chargeaient d'une férocité qui était si étrangère à Jean-Jacques Waltz, le facétieux fils de son père.

Son Alsace à lui, celle qu'il a fait accéder, au nom de son grand idéal, à cette intemporalité et cette universalité, c'est le jardin de l'enfant qu'il est resté, celui de sa haute solitude et de la plus haute simplicité où la lumière du monde est plus belle qu'ailleurs. Celui qui a manifesté un tel don des formes et des couleurs a donné à son Alsace le don d'être là pour les générations à venir et pour toute éternité.

Dans un monde contemporain très volatil, où les images et les objets se dissolvent à mesure que s'accélère leur diffusion, l'œuvre de Hansi

La Belle Alsacienne

Une composition de toute beauté – notamment le décor du plastron –, véritable pièce de patrimoine, réalisée sous la forme d'une lithographie en 1918.

Silhouette de Hansi par lui-même (vers 1930) avec la dédicace: «Hansi à son meilleur ami, Jean-Jacques Waltz».

affirme, face à l'éphémère et à la dispersion, la permanence tranquille du génie d'une région qui en fut particulièrement prodigue.

La guerre de l'enfant terrible Hansi est finie – et la victoire de l'Oncle Hansi acquise.

Son imagerie, rescapée d'une histoire douloureuse qui piégea l'image, a donné aux Alsaciens une langue et une mémoire, certes chargées, mais bien plus vivantes que jamais, à en juger le joyeux mimétisme commercial suscité par les formes plaisantes et simples que ce «génie de l'illustration» venu de l'industrie textile a su inventer. Ses trouvailles visuelles, son graphisme abrégé, sa symbolique et ses stéréotypes, transcendés par la marque personnelle de son talent, ont rendu lisible à ses contemporains (et aux générations ultérieures) l'âme de sa petite patrie aux prises avec ses pulsions cocardières et les grands problèmes de son temps. Les images du citoyen annexé Hansi ont créé un irrésistible courant de force entre son Alsace, pratiquement isolée du reste de la France, et la patrie qu'elle s'est choisie.

Les images ont leur vie. Celles de Hansi font sens si on les considère, à la lumière de cette convulsive histoire de l'Europe, comme des foyers d'énergie et de croisements d'expériences et de rencontres décisives. Alors, elles dégagent cette force tranquille, paisiblement insurrectionnelle, qui a soulevé les rieurs et les consciences de son temps contre le joug d'une puissance étrangère.

Avec Hansi, l'Alsace a retrouvé sa fierté – et un imaginaire pour très longtemps. Les générations actuelles ont oublié les combats âpres et les épreuves du vieux lutteur terrassé. Mais elles retiennent les riantes silhouettes qu'il a fixées dans une Alsace enluminée, dont la tendre géographie se préserve de la révolution industrielle et de la modernité technicienne. La modernité d'un siècle dont ce grand communicant a su utiliser toutes les ressources pour diffuser sa vision hors du temps d'une Alsace sans ouvriers et sans usines, mais non sans espoir.

Il avait son crayon, son pinceau, ses couleurs : alors, il a créé son monde fabuleux et il est entré dans son rêve – dans sa vraie vie. Il a écrit sa légende personnelle et celle de son Alsace rêvée. Ses contemporains l'y ont rejoint ainsi que les générations d'après, à qui il conte toujours la belle histoire d'une Alsace heureuse qui, dans ses atours du dimanche, s'éternise dans un doux et consolant rêve de France à la portée des âmes simples.

Plus d'un demi-siècle après sa disparition, sa confondante sincérité demeure. Le trait de Hansi a éclairé tout ce qui permettait d'identifier l'Alsace – et l'a définitivement arrachée à son passé. Il l'a voulue et représentée ainsi : belle et éternelle. Comme pour lui enjoindre de ne jamais renoncer à son bonheur, de ne jamais faillir à la tâche de perpétuer sa beauté.

Hansi.

Bibliographie des ouvrages de Hansi

Tours et portes d'Alsace, Charles Bahy, Mulhausen, 1907 (rééd. Herscher, 1989).

Professor Knatschké, Floury, 1908 (rééd. Editions du Rhin, 2003).

L'histoire d'Alsace racontée aux petits enfants d'Alsace et de France par l'Oncle Hansi, avec beaucoup de jolies images de Hansi et de Huen, Foury, 1912 (rééd. Herscher, 1983).

Mon village – Ceux qui n'oublient pas, Floury, 1913 (rééd. Editions du Rhin, 1988).

Le paradis tricolore, Floury, 1918 (rééd. Herscher, 1993).

L'Alsace heureuse – Le grand bonheur du pays d'Alsace raconté aux petits enfants par l'Oncle Hansi, Floury, 1919 (rééd. Editions du Rhin, 1990).

Le voyage d'Erika en Alsace française, Floury, 1921.

A travers les lignes ennemies (en collab. avec Etienne Tonnelat), Payot, 1922.

Colmar en France, Floury, 1923 (rééd. Jean-Pierre Gyss, 2001).

La merveilleuse histoire du bon saint Florentin d'Alsace racontée aux petits enfants par l'Oncle Hansi, avec beaucoup d'images, Floury, 1929 (rééd. Editions du Rhin, 2000).

Le musée d'Unterlinden à Colmar (sous le nom de Jean-Jacques Waltz), Floury, 1925.

Les clochers dans les vignes, Floury, 1929.

Au pied de la montagne Sainte-Odile, Floury, 1934.

La fresque de Geispolsheim et autres balivernes, Imprimerie française, Strasbourg, 1935.

L'art héraldique en Alsace (3 vol.), Berger-Levrault, 1975.

Quelques ouvrages et périodiques à propos de Hansi et de son œuvre

Hansi, numéro spécial de la revue *Saisons d'Alsace*, n°1/1952, avec de très nombreux auteurs (André Malraux, Blaise Cendrars, Jules Romains, Roland Dorgelès, etc.).

Claude-Anne Parmegiani, *Les petits Français illustrés, 1860-1940*, Editions du Cercle de la Librairie, 1989.

Robert Perreau, *Hansi ou l'Alsace révélée*, Alsatia, 1962; *Avec Hansi à travers l'Alsace*, Alsatia, 1962; *Cartes postales d'Alsace*, Alsatia, 1978.

Paul Steinmann et René Cadir, *Hansi à travers ses cartes postales*, Editions du Rhin, 1993.

Georges Bischoff, «Faut-il brûler Hansi?», *Les Saisons d'Alsace*, n° 2, printemps 1999; préface au recueil de dessins *Enfants d'Alsace*, La Nuée Bleue, 2003.

Marc Ferro, Georges Klein, Pierre-Marie Tyl et Tomi Ungerer, *Le grand livre de l'Oncle Hansi*, Herscher, 1982.

Une exposition des aquarelles de Hansi a été présentée de novembre 2004 à mars 2005 au musée d'Unterlinden à Colmar sous le titre *Hansi, portrait d'une ville, Colmar*.

Index des œuvres reproduites dans l'ouvrage

Sauf mentions contraires, les œuvres sont de Hansi et issues des collections du musée Hansi, à Riquewihr. Les numéros renvoient aux pages.

49 : *Souvenir de la prison de Colmar. L'aéroplane* (1914). Aquarelle extraite de *L'Alsace heureuse.*
50 (gauche) : Silhouette du Pédagogue *(Der Paedagoge)*, 1908. Eau-forte aquatinte.
50 (haut, droite) : Affiche de l'exposition « L'Alsace contre l'Allemagne » (5-20 juillet 1910).
50 (bas, droite) : Photographie de la réception au journal *Le Matin* (1er avril 1910).
51 : *Sur le fil* (1911). Dessin de Léon Stein publié dans *Dur's Elsass* du 21 mars 1911.
52 (gauche) : Photomontage d'époque montrant Hansi enchaîné à un gendarme allemand (1893). Album personnel de Hansi.
52 (droite) : Bon de souscription pour *Mon village* (1913).
53 (gauche) : Photographie de Hansi et Zislin, chez Hansi (1913). Album personnel de Hansi.
53 (droite) : *Portrait de Hansi* (détail, 1913). Huile sur toile de Léon Hornecker. Colmar, musée d'Unterlinden.
54 : *Un petit village imaginaire du Sundgau* (1912). Aquarelle extraite de *L'histoire d'Alsace.*
55 (haut) : *Les myosotis* (1912). Aquarelle figurant à l'arrière de la couverture de *Mon village.*
55 (bas) : *Une fenêtre à Ribeauvillé* (1919). Aquarelle extraite de *L'Alsace heureuse.*
56 : *La construction de l'abbaye de Murbach* (1912). Aquarelle extraite de *L'histoire d'Alsace.*
57 : *La bataille de Turckheim vers 1674* (1912). Aquarelle extraite de *L'histoire d'Alsace.*
58 : *Le printemps est revenu* (1913). Aquarelle extraite de *Mon village.*
60 (haut) : *Saint-Côme, près Masevaux* (vers 1944, reprise d'une aquarelle de 1918). Aquarelle extraite du *Paradis tricolore.*
60 (bas) : *Sélestat. Une sœur de Ribeauvillé à Sainte-Foy* (1920). Aquarelle.
61 : *Obernai. La rue Sainte-Odile* (1933). Aquarelle extraite de *Au pied de la montagne Sainte-Odile.*
62 : Photographie d'une leçon d'aquarelle sur le vif à Labaroche (11 juillet 1907). Album personnel de Hansi.
63 : Mosaïque de neuf aquarelles, de haut en bas et de gauche à droite : *Bei Ampfersbach – Le chemin de fer du col de la Schlucht* (vers 1910) ; *L'église de Labaroche* (1906) ; *Une ferme à Orbey* (23 août 1937) ; *Près de Labaroche* (1905) ; *Châteaux du Dreistein* (détail, 1911) ; *Sägmatt – Une des stations du chemin de fer de la Schlucht* (vers 1910) ; *Les châteaux d'Ottrott* (1906-1907) ; *Mur Païen au mont Sainte-Odile – Druiden Hohle* (1906-1907) ; *Une ferme à Wangenbourg* (1907-1908).
64-65 : *Un village d'Alsace occupé par les Allemands le 4 août 1914 et le même village libéré par les Français* (1917). Aquarelles.
66 : *« Souscrivez, aidez-nous à vaincre, vous hâterez le jour de la victoire et du retour au foyer »* (1916). Affiche éditée pour le deuxième emprunt de la Défense nationale.
67 (haut) : Photographie de la remise de la croix de la Légion d'honneur à Hansi, le 18 janvier 1915, à Epinal. Album personnel de Hansi.
67 (bas) : Détail de *La bataille de la Marne* (décembre 1914). Lithographie.
68 (haut) : Photographie de Hansi en 1918 à Colmar.
68 (bas) : Tract (1917).
69 : *Lâcher de tracts au-dessus d'un village d'Alsace.* Copie d'une aquarelle (1918). Archives départementales du Haut-Rhin.
70 : *La bataille de la Marne* (détail, décembre 1914). Lithographie.
72 (haut) : Photographie de Hansi en compagnie d'Alsaciennes le 18 novembre 1918. Album personnel de Hansi.
72 (bas) : *Prière à la mémoire d'un ami mort* (1915). Lithographie.
73 : *Bécassine et les deux petits Alsaciens* (1915). Dessin de Emile-Porphyre Pinchon extrait de *Bécassine pendant la Grande Guerre.*
74 : *De l'autre côté du Rhin : les Germains* (1912). Aquarelle extraite de *L'histoire d'Alsace.*
75 (haut) : *Policier allemand* (détail, 1906). Eau-forte.
75 (bas) : *Le soldat du Kronprinz* (1916). Lithographie.
76 : Planche de croquis de *Prisonniers allemands* (1915). Dessins extraits des *Carnets de croquis de guerre* (Epinal). Archives départementales du Haut-Rhin.
77 : *Lettre d'un soldat de la Légion étrangère* (1911). Aquarelle publiée en dernière page de *Dur's Elsass*, le 21 février 1911.
78 (gauche) : En haut, couverture des *Vogesenbilder*, deuxième série (1908), recueil de seize dessins en couleur ; en bas, *Le repos des touristes* (1908), aquarelle publiée dans le même fascicule.
78 (droite) : *Une forêt idyllique* (1908). Dessin extrait des *Vogesenbilder*, première série.
79 (haut) : *Le passage du Rhin. Retour au pays natal* (1918). Aquarelle.
79 (bas) : *« Oculi, da kommen Sie! » – L'avant-garde* (1920). Aquarelle.
80 : *L'affaire de Saverne* (détail, 1914). Lithographie publiée également dans *L'histoire d'Alsace.*
81 : *Verdun 1916. Le Kronprinz... prince de sang* (1916). Lithographie.
82 : *« Souscrivez tous au troisième emprunt de la Défense nationale, vous aiderez nos héroïques soldats à rendre Strasbourg à la France »* (détail, 1917). Affiche réalisée pour le troisième emprunt de la Défense nationale.
83 (haut) : Photographie de Hansi dans son atelier de Colmar (vers 1930). Album personnel de Hansi.
83 (bas) : *Hansi par lui-même* (1908). Dessin.
84 : Photographie de Hansi défilant à Colmar entre deux sections du régiment d'infanterie du général Messigny, le 20 novembre 1918. Album personnel de Hansi.
85 : *Retour en Alsace – défilé français* (1916). Partition musicale.
86 : *A la cuisine du château* (détail, 1925). Aquarelle extraite de *Saint Florentin.*

87 (gauche) : *Eguisheim* (1944). Aquarelle peinte en page de garde d'un exemplaire de *Mon village.* Coll. Trimbach-Schwartz.
87 (droite) : Photographie de Hansi dans son atelier, à Colmar, en 1918. Album personnel de Hansi.
88 : *La schlitte* et *Saint Florentin* (1925). Aquarelles extraites de *La merveilleuse histoire du bon saint Florentin d'Alsace.*
89 : Couvertures des livres d'art de Hansi : *Au pied de la montagne Sainte-Odile* (1934) ; *Les clochers dans les vignes* (1929) ; *Colmar en France* (1923).
90 (haut) : Photographie de Hansi et Robert Perreau à Sainte-Croix-en-plaine (1934). Album personnel de Hansi.
90 (bas, gauche) : *Une ferme à Orbey* (1937). Aquarelle.
91 (de gauche à droite) : *Schiessrothried, vallée de Munster* (1906), aquarelle ; *Ramstein, Val de Villé* (1909), eau-forte et aquatinte ; *Le Schmeltzwasen, Munster* (1907), aquarelle ; *Zimmerbach* (1906), aquarelle.
91 (bas) : Planche des couleurs et des recommandations de Hansi pour la reproduction de ses aquarelles (1937).
92 (gauche) : *Le porte-drapeau* (1935). Dessin à la plume. Archives départementales du Haut-Rhin.
92 (droite) : *Le pavillon de Malaisie* (vers 1933). Dessin. Archives départementales du Haut-Rhin.
93 : *Fräulein Erika* (1921). Dessin à l'encre de Chine extrait du *Voyage d'Erika en Alsace française.*
94 : *Illhaeusern, la nuit* (1929). Eau-forte et aquatinte.
95 : Aquarelle extraite du *Paradis tricolore* (1918).
96 : *La ville de Colmar vue des jardins de la Semm* (1921). Eau-forte extraite du livre *Colmar en France*, tirée en carte postale à 1 200 exemplaires.
97 : Mosaïque de cartes postales réalisées du temps de Hansi.
98 : *Enseigne de l'auberge de la Pomme d'or à Obernai* (en haut) et *Le grand nid de cigogne sur l'ancienne boucherie à Obernai* (en bas) (1934). Dessins extraits de *Au pied de la montagne Sainte-Odile.*
99 : *Vue de la fenêtre de l'atelier* (1919). Aquarelle extraite de *L'Alsace heureuse.*
100 : *Potasse d'Alsace* (vers 1930). Plaque émaillée réalisée pour la Société commerciale des Potasses d'Alsace.
101 (haut) : Cravate Vin du Rhin Français (1935).
101 (bas) : *Eliozo Hansi!* (1911). Affiche publicitaire pour la maison Lafumas.
102 : Projet d'enseigne (aquarelle, crayon et encre, 1er juillet 1932) pour la boucherie des frères Fincker et l'enseigne située rue des Têtes à Colmar (photo Bernard Schmidlé). Archives départementales du Haut-Rhin.
103 (gauche) : Projet d'enseigne (gouache et encre, 1929) pour le vigneron Jean Preiss et l'enseigne située à Riquewihr (photo Bernard Schmidlé). Archives départementales du Haut-Rhin.
103 (droite) : En haut, projet d'enseigne « Aux bottes de sept lieues » (aquarelle, gouache et encre, 1927) ; en bas, projet d'enseigne pour la maison Hugel et fils (aquarelle, encre et crayon, 1948). Archives départementales du Haut-Rhin.
104 (gauche) : Cravate Metz Frères, à Ribeauvillé (1947).
104 (droite) : *Rieslinglied* (1934). Partition pour chant et piano (chanson en alsacien et en français).
105 : Série d'étiquettes de vin réalisées au cours de la période 1893-1951.
106 : Réalisations publicitaires.
107 : Projet d'enseigne pour la brasserie Bofinger (1928). Gouache et encre.
108 : *Cloître d'Unterlinden* (1938). Aquarelle. Colmar, musée d'Unterlinden.
109 (milieu) : Détail d'un ex-libris pour la société Schongauer (vers 1896).
109 (droite) : Photographie de Hansi (après 1945) dans les allées du cloître du musée. Album personnel de Hansi.
110 : *Ange de l'Annonciation* (début 1900). Aquarelle. Colmar, musée d'Unterlinden.
111 : Photographie du cloître du musée d'Unterlinden (vers 1925). Coll. Recto-Verso.
112 (haut) : Projet (non retenu) de couverture pour *Les clochers dans les vignes* (1929)
112 (bas) : Dessin préparatoire pour *L'art héraldique en Alsace* (1937). Aquarelle.
113 (haut) : Aquarelle (1897) extraite de *Mappe zur Chronik des Colmarer Kaufhauses.*
113 (bas, gauche) : Affiche (1936) réalisée pour la Banque de Strasbourg.
113 (bas, droite) : Médaille recto-verso (1931) pour l'exposition artisanale de Colmar.
114 : *Mon village* (1942). Aquarelle peinte sur la page de garde d'un exemplaire de *Mon village.* Coll. Trimbach-Schwartz.
115 (haut) : *Une charmante surprise. 14 décembre 1942* (1943). Aquarelle.
115 (bas) : Photographie de Hansi sur une terrasse d'hôtel à Sion, en Suisse. Album personnel de Hansi.
116 (gauche) : *« Jetz awer nüss! »* (Et maintenant dehors!). Affiche (début 1945) et affiche réalisée par les nazis début 1940.
116 (haut) : *Le dragon nazi dans les ruines* (décembre 1946). Dessin à l'encre de Chine.
117 : Carte de vœux 1944. Aquarelle.
118 (haut) : Photographie du cortège funèbre dans les rues de Colmar (1951). Album photo de Fritz Waltz.
118 (bas) : *Petite Alsacienne* (1942). Aquarelle.
119 (haut) : Dessin de Tomi Ungerer (1978) extrait de *Mon Alsace* (La Nuée Bleue, 2001).
119 (bas) : *Rêve du Professeur Gneisse* (détail, 1909). Supplément du *Nouvelliste d'Alsace-Lorraine.*
120 : *La Belle Alsacienne* (détail, 1918). Lithographie.
121 : *« Hansi à son meilleur ami, Jean-Jacques Waltz »* (vers 1930). Dessin à l'encre de Chine.
122 : Détail d'un programme de carnaval (1920). Dessin.
124 : Détail d'une affiche *(Rosheim)*, 1930.

Imprimé en UE, octobre 2006.